Liebe Leserin, lieber Leser,

wir freuen uns, daß Sie sich für ein Buch der Reihe Galileo Computing entschieden haben.

Galileo Computing bietet Titel zu allen wichtigen Sprachen, Tools und Techniken der Programmierung. Die Bücher der Reihe zeigen, wie es wirklich geht und warum – immer mit Blick auf die praktische Anwendung. Galileo Computing ist Fachliteratur für Experten von Experten. Kompakt in der Darstellung und benutzerfreundlich gestaltet.

Jedes unserer Bücher will Sie überzeugen. Damit uns das immer wieder neu gelingt, sind wir auf Ihre Rückmeldung angewiesen. Bitte teilen Sie uns Ihre Meinung zu diesem Buch mit. Ihre kritischen und freundlichen Anregungen, Ihre Wünsche und Ideen werden uns weiterhelfen.

Wir freuen uns auf den Dialog mit Ihnen.

**Ihr Galileo-Team**

Galileo Press
Rheinaustraße 134
53225 Bonn

lektorat@galileo-press.de

Elmar Geese
Markus Heiliger

# XML mit VB und ASP

Internetlösungen für VB- und Web-Entwickler

Galileo Press

Die Deutsche Bibliothek – CIP-Einheitsaufnahme
Ein Titeldatensatz für diese Publikation
ist bei der Deutschen Bibliothek erhältlich

ISBN 3-934358-50-0

© Galileo Press GmbH, Bonn 2000
1. Auflage 2000

Der Name Galileo Press geht auf den italienischen Mathematiker und Philosophen Galileo Galilei (1564–1642) zurück. Er gilt als Gründungsfigur der neuzeitlichen Wissenschaft und wurde berühmt als Verfechter des modernen, heliozentrischen Weltbilds. Legendär ist sein Ausspruch **Eppur se muove** (Und sie bewegt sich doch). Das Emblem von Galileo Press ist der Jupiter, umkreist von den vier Galileischen Monden. Galilei entdeckte die nach ihm benannten Monde 1610.

**Lektorat** Judith Stevens, Bonn **Korrektorat** Lisa Alexin, Bonn **Einbandgestaltung** Barbara Thoben, Köln **Titelbild** Barbara Thoben, Köln **Herstellung** Claudia Lucht, Bonn **Satz** reemers publishing services gmbh, Krefeld **Druck und Bindung** Bercker Graphischer Betrieb, Kevelaer

Das vorliegende Werk ist in all seinen Teilen urheberrechtlich geschützt. Alle Rechte vorbehalten, insbesondere das Recht der Übersetzung, des Vortrags, der Reproduktion, der Vervielfältigung auf fotomechanischem oder anderen Wegen und der Speicherung in elektronischen Medien.

Ungeachtet der Sorgfalt, die auf die Erstellung von Text, Abbildungen und Programmen verwendet wurde, können weder Verlag noch Autor, Herausgeber oder Übersetzer für mögliche Fehler und deren Folgen eine juristische Verantwortung oder irgendeine Haftung übernehmen.

Die in diesem Werk wiedergegebenen Gebrauchsnamen, Handelsnamen, Warenbezeichnungen usw. können auch ohne besondere Kennzeichnung Marken sein und als solche den gesetzlichen Bestimmungen unterliegen.

# Inhalt

Vorwort 11

## 1 XML-Grundlagen 13
### 1.1 Vorbemerkung 13
### 1.2 Was ist XML? 14
#### 1.2.1 Konzept und Ziele von XML 14
#### 1.2.2 Warum sich XML durchsetzt 15
### 1.3 Kurze Geschichte der Auszeichnungssprachen 16
### 1.4 Die XML-Sprachfamilie 17
### 1.5 Anwendungsbereiche 19
### 1.6 Verfügbarkeit von XML-Tools 21

## 2 Überblick über die XML-Bausteine 23
### 2.1 XML-Grundregeln 23
#### 2.1.1 Wohlgeformte und gültige Dokumente 23
#### 2.1.2 Struktur eines XML-Dokuments 23
### 2.2 Die Verarbeitung 25
### 2.3 XSL – Stylesheets 25
### 2.4 XPath 25
### 2.5 DTD 26
### 2.6 Schema 26
### 2.7 XLink 27
### 2.8 XPointer 28
### 2.9 XHTML 29
### 2.10 Andere Erweiterungen 31
#### 2.10.1 SMIL 31
#### 2.10.2 MathML 31
#### 2.10.3 UXF 31

## 3 DTD und Schema 33
### 3.1 Überblick über Schemata 33
### 3.2 Einsatzmöglichkeiten von Schemata 35
### 3.3 Schemata in der Praxis 38
#### 3.3.1 Einbindung von Schemata in Dokumente 38
#### 3.3.2 Schema-Elemente 39
#### 3.3.3 Allgemeine Problematiken bei der Modellierung 40

## 4 Das Document Object Model  55

### 4.1 Das W3C DOM  55
- 4.1.1 Was ist das DOM und was ist es nicht?  55
- 4.1.2 Vom Dokument zum DOM  56
- 4.1.3 Objekttypen im DOM  57

### 4.2 Das Microsoft DOM  58
- 4.2.1 Die Basis-Objekte im Microsoft DOM  58
- 4.2.2 Die erweiterten Objekte im Microsoft DOM  60

## 5 Abfragen in XML  65

### 5.1 Die Syntax  66

### 5.2 Operatoren in XPath  67
- 5.2.1 Vergleichs-Operatoren  67
- 5.2.2 Numerische Operationen  68
- 5.2.3 Kontext-Operatoren  69
- 5.2.4 Wechseln des Kontexts mit der anchestor-Funktion  70
- 5.2.5 Einsatz der context-Funktion  70
- 5.2.6 Einsatz der id-Funktion  71
- 5.2.7 Verwendung von Wildcards  71
- 5.2.8 Verwendung des Index  72
- 5.2.9 Typunterscheidung von Nodes  72

### 5.3 Weitere XPath-Funktionen  74
- 5.3.1 Boolesche Funktionen  74
- 5.3.2 Node-Set-Funktionen  74
- 5.3.3 Numerische Funktionen  74

## 6 Grundtechniken für die Erstellung der Web-Anwendung  77

### 6.1 XML-Applikation versus herkömmliche Web-Anwendung  77
- 6.1.1 Statische Webseiten  77
- 6.1.2 Datenbankgestützte Dynamische Webseiten  78
- 6.1.3 Webseiten mit aktiven Client-Komponenten  78
- 6.1.4 Websites mit aktiven Server-Komponenten  79
- 6.1.5 Scripting  79
- 6.1.6 Anforderung an Web-Anwendungen  80
- 6.1.7 Architektur einer Web-Anwendung  81

### 6.2 Lösung in XML  82

## 7 Erzeugen von XML aus Datenbanken  85

### 7.1 Übersicht über das Projekt xmlDbLayer  85

### 7.2 Die Beispiel-Datenbank  86

### 7.3 Datenzugriffsschicht  88

| | | |
|---|---|---|
| 7.3.1 | Die Klasse XMLDoc | 89 |
| **7.4** | **Erstellen des Projekts xmlDbLayer** | **90** |
| 7.4.1 | Erster Test der Bibliothek | 99 |
| 7.4.2 | Die Klasse Documents | 100 |
| **7.5** | **ADO-XML** | **105** |
| 7.5.1 | Stylesheets für benutzdefiniertes Format und für ADO-XML | 111 |

## 8 Transformation mit XSL-Stylesheets 115

| | | |
|---|---|---|
| **8.1** | **XSL/XSLT-Prozessoren** | **115** |
| **8.2** | **Die wichtigsten Funktionen in XSL-Stylesheets** | **117** |
| 8.2.1 | Verknüpfung einer XML-Datei mit einem Stylesheet | 118 |
| 8.2.2 | Erzeugen von HTML im Stylesheet | 119 |
| 8.2.3 | Lesen von Werten aus dem XML-Dokument | 120 |
| 8.2.4 | Schleifen mit for-each | 121 |
| 8.2.5 | Aufrufen von Scripts mit xsl:eval | 121 |
| 8.2.6 | Fall-Unterscheidung mit xsl:choose und xsl:when | 124 |
| 8.2.7 | Fall-Unterscheidung mit xsl:if | 129 |
| 8.2.8 | XSL-Methoden | 130 |
| 8.2.9 | Einsatz von Vergleichsoperatoren | 134 |
| **8.3** | **Arbeiten mit XSL:Templates** | **135** |
| 8.3.1 | Rekursion mit Templates | 136 |

## 9 Erzeugung von HTML auf dem Webserver 143

| | | |
|---|---|---|
| **9.1** | **Browserunabhängigkeit durch serverseitige Verarbeitung** | **143** |
| **9.2** | **Erstellen der ASP-Seite** | **143** |
| **9.3** | **Transformation mit XSL** | **147** |
| **9.4** | **Beschreibung der XSL-Datei** | **148** |
| **9.5** | **Erstellung der XML-Datei** | **154** |

## 10 Erzeugen von Formularen 155

| | | |
|---|---|---|
| **10.1** | **Ziel des Beispiels** | **155** |
| **10.2** | **Kommunikation zwischen Client und Server** | **155** |
| **10.3** | **Einsprung in die Seite** | **157** |
| **10.4** | **Erzeugen der XML-Daten für einen Datensatz** | **158** |
| **10.5** | **Die Transformation** | **164** |
| **10.6** | **Das Stylesheet fürs Formular** | **164** |
| 10.6.1 | Darstellung der Daten | 164 |
| 10.6.2 | Darstellung der Navigationsleiste | 167 |
| **10.7** | **Bemerkung** | **171** |

| | | |
|---|---|---|
| **11** | **Erzeugen von Ergebnislisten** 173 | |
| 11.1 | Anforderungen an das Beispiel 173 | |
| 11.2 | Kommunikation zwischen Client und Server 173 | |
| 11.3 | Einsprung in die Seite 174 | |
| 11.4 | Erzeugen der XML-Daten 175 | |
| 11.5 | Die Transformation 178 | |
| 11.6 | Das Stylesheet für die Liste 178 | |
| 11.6.1 | Erstellen der Spaltenköpfe 178 | |
| 11.6.2 | Erstellen der Datensatzzeilen 180 | |
| 11.7 | Anmerkung zum Beispiel 183 | |

| | | |
|---|---|---|
| **12** | **NLS Unterstützung mit XML** 185 | |
| 12.1 | Einsatz von Entities 185 | |
| 12.2 | Entities als NLS-Werkzeug 187 | |
| 12.2.1 | Aufbau des VB-Projekts 187 | |
| 12.2.2 | Laden und Speichern der XML Resource-Datei 189 | |
| 12.2.3 | Einfügen neuer Elemente 192 | |
| 12.2.4 | Navigation in der Ressource-Datei 194 | |
| 12.2.5 | Erzeugen der Entity-Datei 195 | |
| 12.3 | Entity-Dateien 198 | |

| | | |
|---|---|---|
| **13** | **XML im Browser** 199 | |
| 13.1 | Welche Webbrowser kommen zum Einsatz? 199 | |
| 13.1.1 | XML im Netscape Navigator 5 199 | |
| 13.1.2 | XML im Internet Explorer 5 199 | |
| 13.1.3 | Andere Browser 201 | |
| 13.1.4 | Browserspezifische XML/XSL-Techniken 201 | |
| 13.2 | Navigation innerhalb einer XML-Datei 203 | |
| 13.2.1 | Navigieren mit dem Data Source Object 203 | |
| 13.2.2 | Navigieren mit dem Document Object Model 205 | |
| 13.2.3 | Navigieren mit dem Document Object Model und dem Unique Identifier 212 | |
| 13.3 | Änderung der Sortierung in der Anzeige 216 | |
| 13.4 | Ein paar abschließende Bemerkungen 219 | |

| | | |
|---|---|---|
| **14** | **XML-Tools & -Komponenten** 221 | |
| 14.1 | Übersicht 221 | |
| 14.2 | Parser 224 | |
| 14.2.1 | SAX Parser 224 | |
| 14.2.2 | Microsoft XML-Parser 225 | |

| | | |
|---|---|---|
| 14.2.3 | Xerces-C++ Parser | 226 |
| 14.2.4 | Oracle XML Parser | 226 |
| 14.2.5 | James Clark | 226 |

**14.3 Server** 227

| | | |
|---|---|---|
| 14.3.1 | Microsoft BizTalk-Server | 227 |
| 14.3.2 | Poet eCatalog | 227 |
| 14.3.3 | Poet CMS | 227 |
| 14.3.4 | Software AG Tamino | 228 |
| 14.3.5 | SQL Server XML-Erweiterung | 228 |
| 14.3.6 | ISAPI Erweiterung für den IIS | 228 |

**14.4 Editoren** 229

| | | |
|---|---|---|
| 14.4.1 | Tarent xmlStudio | 229 |
| 14.4.2 | Extensibility XMLAuthority | 229 |
| 14.4.3 | Icon XMLSpy | 230 |
| 14.4.4 | Microsoft XMLNotepad | 231 |
| 14.4.5 | IBM XML Toolkit | 232 |

**15 XML-Dokumentationen und Quellen** 235

| | | |
|---|---|---|
| 15.1 | ASP | 235 |
| 15.2 | DOM | 235 |
| 15.3 | DSSL | 235 |
| 15.4 | EDI | 235 |
| 15.5 | JSP | 236 |
| 15.6 | Link Lists | 236 |
| 15.7 | Mailing Lists | 236 |
| 15.8 | Python | 236 |
| 15.9 | RDF | 237 |
| 15.10 | SAX | 237 |
| 15.11 | SOAP | 237 |
| 15.12 | TCL | 238 |
| 15.13 | Tools | 238 |
| 15.14 | XHTML | 238 |
| 15.15 | XML Common | 238 |
| 15.16 | XML-Data | 239 |
| 15.17 | XML-Namespace | 239 |
| 15.18 | XML-Path | 240 |
| 15.19 | XML-Schema | 240 |
| 15.20 | XSL Transformations | 240 |

**Index** 241

# Vorwort

Einerseits ist es durch das Internet leichter geworden, ein Buch zu schreiben, andererseits schwerer. Was schwerer geworden ist, ist daß wir heute im Internet zum Thema dieses Buches »Tatsacheninformationen« finden können, die zu dem Zeitpunkt, zu dem das Buch erscheint, bereits zu »Fiktionen« oder zumindest irrelevant geworden sein werden. Der Grund hierfür ist identisch mit dem Grund, der das Thema so aktuell macht: die zunehmende Relevanz und Popularität von XML hat seine rasante Entwicklung zur Folge.

Dabei sind XML-basierte Software-Technologien nicht besonders neu. In dem Maße, in dem man sich ihrer Leistungsmöglichkeiten und ihres Nutzens bewußt wird, nimmt jedoch auch ihre Popularität zu. Konzepte, Dialekte und Strategien kommen und gehen. Es fällt nicht leicht, den Überblick zu behalten. Wir haben uns bemüht, die XML-Bereiche in Schwerpunkten zu behandeln, die nach unserer Ansicht gereift sind und Bestand haben werden. Basis unserer Bewertung war dabei immer der praktische Nutzen.

Dieses Buch ist nicht als umfassende XML-Referenz gedacht. Es wurde auch nicht als Einführung in XML konzipiert, denn Literatur hierzu ist hinlänglich verfügbar. Wir haben versucht, unsere praktischen Erfahrungen mit XML in dieses Buch zu transformieren, weil wir glauben, daß es ein großes Mißverhältnis zwischen dem, was XML leisten soll, und in der Praxis tauglichen Lösungswegen gibt. Kurz gesagt: wenn es Ihr Ziel ist, zu einem Entwickler von Webanwendungen zu werden, wird Ihnen dieses Buch eine wertvolle Hilfe sein.

Alles, was Sie für die Arbeit mit dem Buch brauchen (mit Ausnahme einer Visual-Basic Entwicklungsumgebung) finden Sie auf der beiliegenden CD. Sie enthält neben Spezifikationen und diesem Buch in elektronischer Form alle Beispiele und Source-Codes, eingebettet in eine Webanwendung. Besonders interessant ist hier sicherlich unser XML/XSL Editor, der im VB-Quellcode verfügbar ist. Darüber hinaus enthält die CD einige interessante Trial Versionen:

▶ Der Dokumenttyp und Schema-Editor XML Authority der Firma Extensibility
▶ Der XML/SGML Editor XMetal von Softsquad

- Das für eigene Editoren nützliche Control Ledit von AY Software
- Die Component Toolbox von DBI Technologies

Sie werden in diesem Buch einige Anregungen finden, wie Sie mit dem XML-Instrumentarium interessante neue Wege gehen können. Dabei wird sich entwickeln, welcher Bereich von XML für Sie den Schwerpunkt ausmacht. Wir wünschen Ihnen viel Spaß und hoffen, Ihnen mit dem Buch, der CD und unserer Site www.netucation.de dabei helfen zu können.

Elmar Geese
Markus Heiliger

### Die Icons in diesem Buch

Wichtige **Hinweise** und **Tips** finden Sie in Abschnitten, die mit diesem Symbol gekennzeichnet sind.

Achtung, Abschnitte mit diesem Symbol sprechen eine **Warnung** aus!

# 1 XML-Grundlagen

*In diesen Kapitel werden die Grundlagen zum Verständnis von XML behandelt. Die wichtigsten XML-Module werden vorgestellt und beispielhafte Anwendungsbereiche erläutert. Es wird kurz auf die Entstehung von XML und die weitere Entwicklung eingegangen.*

## 1.1 Vorbemerkung

Heute ist bereits eine ungeheure Zahl von Ressourcen zu XML verfügbar: Es gibt Dutzende von Büchern, hunderte von Websites mit Tausenden von Dokumenten. Allein die von Microsoft verfügbaren Quellen füllen bereits eine CD. Andere große Softwarefirmen wie SUN oder IBM bieten sehr große Sites mit Informationen und Ressourcen zu XML.

Obwohl daher hinreichend Zugriff auf Basisinformationen zu XML besteht, werden wir auf ein paar Aspekte der XML-Grundlagen eingehen.

- Jede Erweiterung und Neuerung zum Thema XML produziert eine ungeheure Flut von Informationen. Es ist häufig schwer zu erkennen, was Vorschlag ist, oder was bereits zum Standard gehört.
- Die Beschreibungen von XML orientieren sich meist am favorisierten Anwendungsgebiet des jeweiligen Verfassers. Dadurch werden oft mißverständliche oder falsche Ansichten publiziert.
- Praxisbezogene Beschreibungen sind von den verwendeten Softwarewerkzeugen geprägt. Dabei werden leicht spezifische oder auch fehlende Features der Tools mit Features von XML verwechselt.

Wir werden in diesem Kapitel versuchen, einen Überblick über die Aspekte von XML zu geben, die vor allem für Softwareentwickler relevant sind. Das darüber hinaus bestehende und hoffentlich noch wachsende Interesse an XML sollte der Leser anhand der im Web verfügbaren aktuellen Quellen befriedigen. Zu diesem Zweck bietet sowohl die Buch-CD als auch die Website des Buches unter **http://www.tarent.de/xml** aktuelle Informationen und Links zu den interessantesten Quellen.

## 1.2 Was ist XML?

Das Kürzel XML steht für **EXtensible Markup Language**. Um mit dem am weitesten verbreiteten Irrtum zu beginnen: XML ist, entgegen der landläufigen Meinung, keine Sprache. Es beschreibt die Regeln zur Erzeugung von XML-basierten Auszeichnungssprachen. Seit 1998 wurde eine große Zahl von Sprachen und Spezifikationen zu XML veröffentlicht. Zweck dieser Sprachen ist die Beschreibung von Daten und Dokumenten und deren Verknüpfung, Validierung, Darstellung und Verarbeitung.

### 1.2.1 Konzept und Ziele von XML

Zunächst einmal geht es bei XML darum, strukturierte Daten in Textdateien zu speichern. Bei der Entwicklung von XML standen folgende Ziele im Vordergrund:

- Es sollte für Menschen wie für Maschinen einfach lesbar sein.
- Es sollte sich für die Speicherung und Übertragung strukturierter Informationen eignen.
- Es sollte Mechanismen für die Suche und Filterung bereitstellen.
- Es sollte (im Gegensatz zu HTML) Inhalt und Darstellung vollkommen trennen.
- Es sollte individuell erweiterbar sein.

Durch die Offenheit des Internets besteht ein steigender Bedarf, Darstellungen an die technischen Möglichkeiten des Clientsystems und an die biologischen oder sozialen Bedingungen des Rezipienten anzupassen. XML bietet die Möglichkeit, Form und Inhalt voneinander zu trennen. So lassen sich unterschiedliche Darstellungen des gleichen Inhalts besser realisieren. So kann der gleiche Inhalt für die Anzeige in einem PC-Web-Browser, einem Info-Terminal oder einem mobilen Gerät aufbereitet werden. Besondere Bedürfnisse der Benutzer sind z.B. die Darstellung für Sehbehinderte und Blinde oder inhaltliche Aggregationen für Kinder, Hausmänner und Vorstände.

## 1.2.2 Warum sich XML durchsetzt

Mit Recht beurteilen erfahrene Anwender, Entwickler und Entscheider neue Entwicklungen zurückhaltend oder kritisch. XML hat jedoch von Beginn an eine sehr starke Unterstützung erfahren. Unternehmen wie Microsoft, SUN oder IBM haben jeweils Hunderte von Entwicklern, die sich ausschließlich mit XML-Technologien beschäftigen. Ähnlich wie bei Java spielt hier das Internet eine entscheidende Rolle. Der jahrelange Kampf der Browserkönige Netscape und Microsoft hatte gezeigt, wie kontraproduktiv fehlende Standards sind: Heute noch sind unzählige Webdesigner damit beschäftigt, Webseiten browserkompatibel zu gestalten, weil die Standardisierung nicht mit der technischen Entwicklung und der Verbreitung des Internets Schritt hielt. Das W3C hat daraus gelernt und treibt die Verabschiedung von XML-Standards zügig voran. Die Kernbereiche sind inzwischen verabschiedet, so daß einem Einsatz nichts mehr im Wege steht.

Trotz aller Vorteile und einer sicheren Basis ist XML eine noch recht junge Technologie. Dieses Buch will diesen Entwicklern dabei helfen, sich nicht in der ersten Begeisterung zu verrennen. Man kann nicht immer davon ausgehen, daß alle in den Spezifikationen beschriebenen Features von den XML-Parsern und Prozessoren auch schon unterstützt werden. Die Beispiele dieses Buches sind jedoch alle von den Verfassern erstellt und überprüft.

## 1.3 Kurze Geschichte der Auszeichnungssprachen

SGML   Auszeichnungssprachen gibt es seit etwa 50 Jahren. Die Idee entstammt dem Druck- und Verlagswesen. Aus dem Auszeichnen von Textpassagen zur Layoutbeschreibung entwickelte sich in diversen Zwischenschritten eine komplexe Sprache namens SGML, die **Standard Generalized Markup Language**. SGML wurde als ISO-Standard normiert.

Einem Masseneinsatz von SGML stand die hohe Komplexität (die Spezifikation umfaßt etwa 500 Druckseiten, die von XML etwa 40) und dadurch der Mangel an entsprechenden Editoren entgegen. Das Internet schuf schließlich durch die Verbreitung von HMTL einen Status Quo. HTML ist einfach zu handhaben, brachte aber den Nachteil mit, daß Darstellung und Inhalt nicht getrennt werden. Hinzu kamen die Schwierigkeiten durch die unterschiedlichen proprietären Erweiterungen von HTML durch verschiedene Browseranbieter. Die Suche nach einer Alternative führte zum Erfolg von XML.

XML ergänzt SGML um die Möglichkeit der individuellen Erweiterung, befreit es von der Verpflichtung, zu jedem Dokument eine Dokumenttypdefinition zu erstellen und führt eine striktere Behandlung der Auszeichnungselemente (Tags) ein. Daher hat es seit seiner ersten Veröffentlichung 1996 eine rapide Verbreitung gefunden.

## 1.4 Die XML-Sprachfamilie

Es gibt eine Reihe von Modulen, die zum Kern der XML-Technologie gehören. Dies sind zur Zeit:

- XML-1.0
- XSL/XSL Transformations
- XML-Schema, XML-Data
- XPath, XPattern
- XLink/XPointer

Wie schon erwähnt, ist das XML-1.0-Modul für die Beschreibung der XML-Grammatik zuständig. Es regelt, wie XML-Dokumente ausgezeichnet werden müssen. Alle anderen Module sind an die in XML-1.0 definierten Regeln gebunden. Mehr als wohlgeformte Dateien erstellen kann man mit XML-1.0 alleine jedoch nicht. Die begleitenden Kern-Module setzen sich mit Aspekten wie Formatierung, Strukturbeschreibung, Navigation und Verknüpfung auseinander.

XML-1.0

XSL ist in die Bereiche XSL-Stylesheet und XSL-Transformations gegliedert. **XSL-Stylesheets** können für das Layout von XML-Dateien eingesetzt werden und erweitern die heute bereits durch CSS (Cascading Style Sheets) gegebenen Möglichkeiten. Sowohl CSS-Stylesheets als auch XSL-Stylesheets können mit XML-Dateien verknüpft werden. **XSL-Transformations** definiert Methoden zur Bearbeitung von XML-Dateien. Hier sind z.B. Kontrollstrukturen definiert, die eine sequentielle und rekursive Verarbeitung unterstützen. XSL-Stylesheet-Anweisungen können in die Kontrollstrukturen eingebettet werden.

XSL

Da XML-Dateien hierarchisch organisiert sind, kann in ihnen durch Pfade navigiert werden. Die Navigationsangaben sind nicht in XML codiert, sondern werden als kompakte Ausdrücke formuliert. Die Regeln für diese Ausdrücke sind in **XPath** spezifiziert. In XSL-Transformations wird stark von XPath Gebrauch gemacht. Als XPattern wird häufig die Microsoft-Implementierung von XPath bezeichnet, die in ein paar Punkten von XPath abweicht.

XPath

**XLink** und **XPointer** sind für die Verknüpfung von Dokumenten zuständig. Ziel bei ihrer Entwicklung ist es, die sehr eingeschränkten Linking-Möglichkeiten von HTML zu erweitern. XLink ist für die Adressierung von

XLink und XPointer

Dokumenten, XPointer für die von Dokumentelementen zuständig. Daher setzt XPointer auch weitgehend XPath ein. Die Spezifikation von XLink und XPointer ist noch nicht abgeschlossen.

XML-Schema   Eine sehr wichtige Rolle spielen **Schemata**. Durch die Einführung von **XML-Schema** steht ein einfacher Mechanismus zur Definition von Dokumentklassen zur Verfügung. In Schemas ist festgelegt, welche Daten in welcher Form in XML-Dateien enthalten sind. Eine Applikation (z.B. ein Browser) kann so überprüfen, ob ein Dokument bestimmten Vorgaben in
DTD   bezug auf Struktur und Daten entspricht. Da **DTDs** (Document Type Definitions) nicht in XML beschrieben sind, gehören sie nicht zur Sprachfamilie. Gleichwohl können sie in XML als Alternative zu Schemas eingesetzt werden.

Es gibt noch eine ganze Reihe weiterer wichtiger Sprachen, die jedoch für die Erstellung von Webanwendungen nicht unbedingt erforderlich sind, oder deren Spezifikation noch nicht hinreichend abgeschlossen ist. Um hier nicht der Gefahr der Informationsüberflutung zu erliegen, werden wir es zunächst bei den genannten Sprachen belassen.

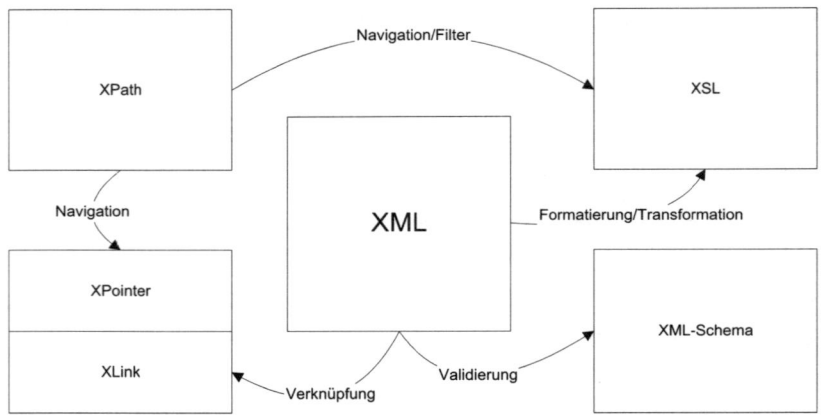

**Abbildung 1.1** XML-Module

## 1.5 Anwendungsbereiche

XML setzt sich in den Bereichen Internet-Anwendungen, E-Business und Content Management zunehmend durch.

XML ist überall dort geeignet,

- wo strukturierte Informationen verwaltet werden
- wo Daten plattformübergreifend übertragen werden sollen. Mit XML lassen sich Dateneinheiten in praktische Pakete packen und verschikken. Dies kann den Transfer zwischen unterschiedlichen Systemen stark vereinfachen. Innerhalb heterogener Systeme können so auch plattformübergreifend einheitliche Standards realisiert werden.
- wo Daten in einer Quelle gehalten, aber in unterschiedlicher Form ausgegeben werden sollen.

Durch die Standardisierung von XML ist sichergestellt, daß unterschiedliche Handelspartner einfach miteinander kommunizieren können. Ein praktisches Beispiel ist ein Bestellvorgang, der allgemeine Bestelldaten sowie eine Stückliste und Artikelbeschreibungen enthält.

Internet-Anwendungen profitieren von der Trennung von Inhalt und Darstellung und von der Möglichkeit der Transformation in HTML. Dadurch ist die XML-Technologie auch für Browser nutzbar, die selbst kein XML unterstützen.

**E-Business**

E-Commerce und E-Business sind die magischen Wörter des Internets. Besonders in der Business-To-Business-Kommunikation sind aber die proprietären Datenformate der Handelspartner ein großes Problem. Und selbst dort, wo Vereinbarungen über solche Formate bestehen, gestaltet sich die Überprüfung der Daten als aufwendig. Bemühungen um Standards auf diesem Gebiet laufen meist sehr langsam und mit ungesicherten Ergebnissen ab. Daher werden zunehmend vorhandene Standards in XML übertragen, um eine bessere Kommunikation zwischen Handelspartnern umzusetzen. Geschützte Bibliotheken verwalten die Dokumenttyp-Definition, so daß diese aus dem Internet geladen und das Dokument validiert werden kann. Dabei werden sowohl Struktur als auch die Gültigkeit der Eigenschaftswerte geprüft. Unterstützt wird dies unabhängig vom Betriebs- und Anwendungssystem der an der Transaktion beteiligten Partner.

**Content Management**

Durch die einfachere Implementierung im Vergleich zu SGML setzt sich XML immer stärker im Bereich Content Management durch. Dies wird durch die neuen XML-Datenbanken noch unterstützt. Diese Datenbanken speichern Dokumente als XML-Strukturen, die zu einem Dokument verknüpft sind. Ein Element kann in beliebig vielen Verknüpfungen referenziert werden, dadurch können virtuelle Dokumente erstellt werden. Es besteht direkter Zugriff auf jedes einzelne Dokument-Element.

**Strukturierte Objekte**

Softwareentwicklung wird in immer stärkeren Maß mit objektorientierten Zielen durchgeführt. Die Modellierung von Anwendungen nach den Objekten der realen Welt macht immer stärker das Dilemma der tabellarischen Datenverwaltung deutlich. Mangels verfügbarer Werkzeuge werden Eigenschaften von Objekten zu Daten flachgeklopft, um diese persistent zu machen. Mit XML wird eine einfach zu beherrschende Technik für eine skrukturierte Persistenzschicht zur Verfügung gestellt. Jeder Software-Entwickler kennt die Problematik im Umgang mit strukturierten Daten. Software-Tools zur Lösung des Problems waren bisher Mangelware. In der Microsoft-Welt wurde in den letzten Jahren der Ansatz der Compound Documents propagiert. Der Nachteil war und ist jedoch die Plattformabhängigkeit und die schwergewichtige Implementierung der COM-Dateien und ihrer Editoren. Es ist anzunehmen, daß dieser Structured-Storage-Ansatz mit der Durchdringung von XML weiter an Bedeutung verliert.

## 1.6 Verfügbarkeit von XML-Tools

XML ist für die meisten Betriebssysteme verfügbar. Als Softwarekomponenten für die Entwicklung mit XML sind XML-Parser und XSL-Prozessoren erforderlich. Zum Beispiel Microsoft, SUN und IBM stellen XML-Komponenten kostenlos zur Verfügung. Für die Entwicklung unter Windows wird meist die mit dem Internet Explorer 5.0 ausgelieferte COM-Bibliothek MSXML.DLL eingesetzt, die auch einen XSL-Prozessor enthält. Diese Bibliothek hat durch ihre zeitlich sehr frühe Verfügbarkeit eine Art Quasi-Standard in der Windows-Welt erzeugt, der jedoch in einigen Punkten von den späteren W3C-Spezifikationen abweicht. Da XML-Dateien definitionsgemäß wohlstrukturiert sind, sollte eine Konvertierung auf neue Standards kein Problem darstellen. Zudem wird Microsoft seinen Parser erwartungsgemäß abwärtskompatibel halten.

Bei der Veröffentlichung des Internet Explorers 5.0 implementierte Microsoft eine Reihe von XML Features, bevor die entsprechenden Standards verabschiedet waren. Die dadurch vorhandenen Abweichungen von den heutigen Standards haben viele Entwickler verunsichert. Microsoft hat jedoch eine Abwärtskompatibiltät zukünftiger Versionen zugesagt, so daß kaum Gefahr gegeben ist, daß heutige Lösungen in Kürze nicht mehr lauffähig sind. Informationen hierzu hält Microsoft unter **http://msdn.microsoft.com/xml/general/msxmlconform.asp** bereit.

Der Autor verschiedener XML-Spezifikationen und XML-Guru James Clark **(http://www.jclark.com)** stellt einige OpenSource Tools zur Verfügung.

XML-Parser stehen dem ambitionierten C+- oder Java-Entwickler in vielen Implementierungen zur Verfügung. Wer schnelle Ergebnisse erzielen will oder/und sich sowieso im Microsoft-Umfeld bewegt, ist mit dem Microsoft Parser bestens beraten, weil dieser eine einfach zu implementierende ActiveX-Schnittstelle bereitstellt. Ansonsten findet man auch Parser für die folgenden Entwicklungsumfelder kostenlos im WWW.

XML-Parser

- COM-Bibliotheken
- Java-Packages
- Perl
- Python

**XSL-Prozessoren**  Durch die Werkzeuge zur Transformation von XML kann XML-Technologie auch dort eingesetzt werden, wo Endgeräte noch kein XML unterstützen. XSL-Prozessoren sind meist korrespondierend zu den jeweiligen XML-Parsern verfügbar.

Einige Links zu Editoren und Tools finden Sie unter **http://www.tarent.de/xml**.

# 2 Überblick über die XML-Bausteine

*In diesem Kapitel wird ein Überblick über die XML-Bausteine geliefert. Es werden die technischen Grundlagen für das Verständnis von XML vermittelt.*

## 2.1 XML-Grundregeln

### 2.1.1 Wohlgeformte und gültige Dokumente

Das Regelwerk von XML läßt sich in zwei Aufgabengebiete trennen:

- Das eine Aufgabengebiet befaßt sich mit der Struktur, die einem Dokument gegeben sein muß. Man spricht von **wohlgeformten** Dokumenten, wenn diesen Regeln entsprochen wird.
- Das andere Aufgabengebiet befaßt sich mit der Syntax. Wird diesem Teil des Regelwerks entsprochen, spricht man von **validen** Dokumenten.

Dokumente können wohlgeformt sein, aber dennoch syntaktisch invalide. (Der umgekehrte Fall ist natürlich ausgeschlossen.) XML-Parsern ist es möglich, Dokumente zu verarbeiten, die nicht dem gesamten Regelwerk entsprechen – aber wohlgeformt müssen die Dokumente mindestens sein. Auf das Arbeiten mit gültigen Dokumenten wird im Kapitel **DTD und Schema** genauer eingegangen.

### 2.1.2 Struktur eines XML-Dokuments

XML wird in einer Baumstruktur modelliert.

Nachfolgend die wichtigsten Regeln für den Umgang mit XML:

- Jedes XML-Dokument enthält ein eindeutig benanntes Tag (Root-Tag), das alle anderen datenhaltenden Tags umschließt
- Tags müsssen immer geschlossen werden, im Gegensatz zu HTML, das ›leere‹ Tags zuläßt. Hierbei muß die Benamung des öffnenden und schließenden Tags exakt übereinstimmen (case-sensitive).

    ```
    <Chapter>
    </Chapter>
    ```

- Für Tags, die keinen Wert umschließen, kann anstatt des vorangegangenen Beispiels auch der folgende Shortcut genutzt werden.

```
<Chapter/>
```

- Elemente können geschachtelt werden. Überschneidungen von Elementen sind nicht möglich.

```
<Document>
    <Chapter>XML-Bausteine
        <Heading_2>Der Sprachstandard
        </Heading_2>
    </Chapter>
</Document>
```

- Jedes Element kann Eigenschaften haben.

```
<Document name="XML-Grundwissen" created="01-01-2000">
    <Chapter start="1" end="28240" style="Heading 1">XML Bausteine
        <Heading_2 start="25" end="140" style="Heading 1"> Der Sprachstandard
        </Heading_2>
    </Chapter>
</Document>
```

- Eigenschaften werden immer in Anführungszeichen eingeschlossen.

```
<Document name="XML-Grundwissen" created="01-01-2000">
</Document>
```

- Eigenschaften können keine Elemente enthalten.
- Reservierte Zeichen können nicht innerhalb des Wertebereichs von Elementen bzw. Attributen genutzt werden.

```
< =&lt;
& =&amp;
> =&gt;
" =&quot;
' =&apos;
```

- Daten, die ungültige, d.h. für XML mißverständliche Zeichen beinhalten, werden in CDATA-Klammern eingeschlossen. Der Parser ignoriert dann die Anweisungen in diesen Blöcken.

## 2.2 Die Verarbeitung

Die XML-Spezifikation beinhaltet die Vorgaben, nach denen XML verarbeitende Software entwickelt wurde bzw. wird. XML ist für die meisten Betriebssysteme durch native oder Java-Lösungen verfügbar. Diese Basiskomponenten leisten folgende Features:

- Parser lesen und schreiben XML-Strukturen
- Filter selektieren Elemente
- »Prozessoren« interpretieren und transformieren XML-Dateien
- Durch XML-Schemas können Dokumenttypen abgebildet werden
- Parser können XML-Dateien gegen Schemas prüfen

## 2.3 XSL – Stylesheets

Die **Extensible Stylesheet Language** (XSL) ist für die Aufbereitung der Inhalte von XML-Dokumenten zuständig. Hierbei gibt es keine Beschränkung hinsichtlich des Zielformates. Dies kann sowohl eine Textdatei als auch ein HTML-Dokument sein.

Die XSL-Anweisungen werden zur Laufzeit von einem XSL-Prozessor interpretiert. Dabei werden die Anweisungen auf eine verknüpfte XML-Datei angewendet. Die Zuordnung unterschiedlicher Stylesheets zu einer XML-Datei ermöglicht verschiedene Darstellungen der gleichen Daten.

Durch Filterausdrücke ist es möglich, Untermengen der Daten einer XML-Datei abzubilden.

## 2.4 XPath

XPath ist die Abfragesprache für XML-Dokumente. In XPath können Filterausdrücke formuliert werden, die Anwendung ermöglicht erst den produktiven Einsatz von XSL sowie die Navigation innerhalb eines XML-Dokuments mit einem XML-Parser.

## 2.5 DTD

**Document Type Definitions** (DTD) beschreiben die Struktur, der ein XML-Dokument entsprechen muß, wenn dieses auf ein DTD verweist.

Im Gegensatz zu SGML sind DTDs in XML optional.

Dieselbe Aufgabe wie DTDs können auch XML-Schemas übernehmen.

## 2.6 Schema

Schemas sind vergleichbar mit DTDs. Sie ermöglichen, daß Dokumente auf ihre Beschaffenheit geprüft werden können. Die Besonderheit ist hierbei, daß Schemas, im Gegensatz zu DTDs, auch offene, d.h. erweiterbare, Modelle beschreiben können.

Ein weiterer großer Vorteil der Schemas ist das Format, in dem sie verfaßt sind. Im Gegensatz zu DTDs liegen sie im XML-Format vor, was zum einen das Erlernen der Syntax erleichtert und zum anderen nicht die Existenz eines entsprechenden Editors voraussetzt. Die Bearbeitung kann in einem XML-Editor erfolgen.

## 2.7 XLink

Die **XML Linking Language** (XLink) erweitert die Möglichkeiten von XML um die Funktionalität von Links auf nicht im Dokument enthaltene Daten.

```
<Document name="XML Grundwissen" created="01-01-2000">
   <Chapter start="1" end="28240" style="Heading 1">XML Bausteine
      <Heading_2 start="25" end="140" style="Heading 1"> Der Sprachstandard
      </Heading_2>
      <a xml:link="simple" href="spreadsheet.jpg" show="new" content-role="basics">basicsspreadsheet
      </a>
   </Chapter>
</Document>
```

Des weiteren werden durch XLink die folgende Arten von Links zur Verfügung gestellt:

- ▶ Links, die zu mehreren Zielen führen
- ▶ Bi-direktionale Links
- ▶ Links für Annotationen, zum Beispiel in schreibgeschützten Dokumenten
- ▶ Verknüpfungen zu Datenbanken
- ▶ Funktionalitäten, wie sie jetzt (wenn überhaupt) nur durch Scripts realisiert werden können wie ‚expand-in-place', neues Fenster oder Zielrahmen, automatisches Folgen und weitere.

## 2.8 XPointer

Die **XML Pointer Language** (XPointer) bietet im Vergleich zu XLinks einen detaillierten Zugriff. Hiermit ist nicht nur die Adressierung eines Dokuments, sondern auch die einer bestimmten Stelle im Inhalt des Dokuments möglich.

Sprungmarke für einen XPoint-Link ist hierbei eine ID.

```
<a id="begin-here">This is a sample.</a>
```

Der folgende XPointer-Link, bezogen auf die vorangegangene Codezeile, würde als Ziel den Buchstaben »i« der Wortes »is« haben.

```
id(begin-here).string(2,"i")
```

Duch XPointer werden hinsichtlich XML die folgenden Mehrwerte geschaffen:

▶ Links, die auf bestimmte Stellen innerhalb von Dokumenten zeigen, ohne daß diese vom Autor gekennzeichnet sein müssen.
▶ Links können sich dabei sowohl auf einen Bereich beziehen als auch absolut oder relativ angegeben werden.
▶ Einfach lesbare Adressierung.

## 2.9 XHTML

Die bekannteste Auszeichnungssprache ist HTML, die als Sprache des Internets (und ausschließlich dort) große Verbreitung gefunden hat. Die Realisierung einer privaten Homepage erfordert sicherlich nicht den Einsatz von XML. Der Einsatz von HTML auf großen Sites ist jedoch problematisch, denn HTML wurde für andere Zwecke entworfen als die, für die es jetzt eingesetzt wird. Es war eigentlich nur für den Austausch von Dokumenten im wissenschaftlichen Bereich gedacht und wird heute mehr als Bindeglied zwischen Information, Daten und multimedialen Elementen verwendet.

Eine Verarbeitung von in HTML codierten Dokumenten durch Parser ist nur sehr begrenzt möglich. Weder die Struktur noch der Inhalt kann schlüssig aus einem HTML-Dokument abgeleitet werden. Recherchen sind nur über Volltext oder Meta Tags möglich. Das typische Aussehen von HTML-Quellcode ist allgemein bekannt:

```
<font size="2">Hier ist etwas Text in HTML
<p>Dies ist ein Absatz in HTML
<li>Dies ist ein Listeneintrag in HTML
<p>Dies ist ein weiterer Absatz in HTML
</font>
</p>
```

**HTML**

HTML-Browser sind beispiellos tolerant, denn die meisten von ihnen können dieses Fragment problemlos anzeigen, obwohl es unsauber strukturiert ist. Die o.g. Probleme werden durch diese Toleranz jedoch verschärft. Durch XML kann dieses Dilemma auf zwei verschiedenen Wegen gelöst werden.

- Erstellung von »sauber« ausgezeichneten Webseiten durch aus XML generiertem HTML
- Einsatz von XHTML, das HTML ablösen wird

In XHTML wird HTML durch XML beschrieben. Dadurch finden die strikten Vorgaben von XML auf HTML Anwendung, so daß die Interpretation von XHTML-Dateien einfach möglich ist. Das obige Beispiel sähe in XHTML so aus:

**XHTML**
```
<font size="2">Hier ist etwas Text in HTML
    <p>Dies ist ein Absatz in HTML</p>
    <li>Dies ist ein Listeneintrag in HTML</li>
    <p>Dies ist ein weiterer Absatz in HTML</p>
</font>
```

Die Spezifikation zu XHTML finden Sie unter **http://www.w3.org/TR/xhtml1**. Hier finden Sie auch Hinweise dazu, wie man heute bereits XHTML einsetzen kann, und dennoch von den Browsern verstanden wird.

## 2.10 Andere Erweiterungen

Mit der einhergehenden Verbreitung von XML wuchs und wächst der Anteil von Sprachbestandteilen und Erweiterungen, wie die Implementierung XML-basierter Sprachen, die für spezielle Anwendungszwecke geschaffen werden.

Festgeschrieben werden diese Erweiterungen in DTDs.

Als Beispiel sind nachfolgend einige Erweiterungen aufgeführt.

### 2.10.1 SMIL

Durch die **Synchronized Multimedia Integration Language** (SMIL) können in einer XML-basierten Sprache multimediale Daten referenziert werden. Durch SMIL ist es Autoren möglich, Links an Medienobjekte zu binden oder das Layout einer Bildschirmpräsentation zu beschreiben.

Einsatz findet SMIL derzeit z.B. im RealPlayer. Hier können Inhalte mit der SMIL-Syntax erstellt werden, um sie dann mit dem RealPlayer wiederzugeben.

Durch Einsatz der SMIL-Syntax in anderen XML-Dokumenten können dort Timing und Synchronisation realisiert werden.

### 2.10.2 MathML

Ziel der **Mathematical Markup Language** (MathML) ist es, die Benutzung von mathematischen und wissenschaftlichen Ausdrücken zu erleichtern.

MathML kann zur Kodierung von Sprachsynthetisierung eingesetzt werden und somit als Basis für sprachgesteuerte User Agents genutzt werden.

### 2.10.3 UXF

Das **UML Exchange Format** (UXF) ist die Portierung der Unified Modelling Language in das XML-Format.

Günde für diese Portierung sind

- ein standardisiertes Dateiformat für den Datenaustausch zwischen Entwicklungswerkzeugen unabhängig von der zugrundeliegenden Plattform.

- verbesserte Möglichkeiten der Kommunikation zwischen Entwicklern. Insbesonders dann, wenn die Verbindung durch das Inter- bzw. Intranet gewährleistet wird.
- Die Transparenz des Formats, die erweiterten Möglichkeiten der Aufbereitung und Präsentation der Daten.

# 3 DTD und Schema

*In diesem Kapitel werden die Grundbegriffe von Schemata erläutert. Unterschiedliche Sprachen zur Beschreibung von Dokumenttypen werden vorgestellt. Die Ziele beim Einsatz von Schemata werden erläutert.*

## 3.1 Überblick über Schemata

Eine Stärke von XML ist seine individuelle Erweiterbarkeit. Um eine einfache Handhabung zu ermöglichen, kann auf Dokumenttyp-Definitionen verzichtet werden.

**Wann braucht man Schemata?**

In vielen Anwendungsfällen muß jedoch gewährleistet werden, daß eine Datei einer erwarteten Struktur entspricht, und daß Werte in der Datei im Sinne erwarteter Datentypen gültig sind. Dies ist die Aufgabe von Schemata.

Es gibt verschiedene Schema-Sprachen. Wir werden jedoch überall dort, wo es um grundsätzliche Eigenschaften von Schemata geht, den Begriff Schema verwenden.

Allgemein gesagt, beschreibt ein Schema oder eine DTD die Struktur und das Vokabular von Dokumenten, die in bezug auf dieses Schema gültig sind. Die Verknüpfung einer XML-Datei mit einem Schema ermöglicht dem Parser festzustellen, ob die vorliegende Datei ihrer Typdefinition enspricht.

Schemata und DTDs stellen unterschiedliche formale Grammatiken dar, um Dokumente zu beschreiben. Während die aus der SGML-Welt stammenden DTDs dafür geschaffen wurden, Dokumente zu beschreiben, berücksichtigen Schema-Sprachen zusätzlich den Aspekt der Datenbeschreibung. Gemeinsam ist beiden Wegen der Ansatz: Wenn zwei Dokumente die gleiche Definition verwenden, dann können sie auch mit den gleichen Mitteln verarbeitet werden. Die Definition stellt eine Zusicherung an die verarbeitende Anwendung dar, daß Daten oder Dokument den vereinbarten Regeln entsprechen. Über den Inhalt selbst wird dabei nichts ausgesagt.

Die Möglichkeiten, Informationen über Schemata zur erhalten, sind jedoch noch weit granulierter verfügbar: In Erweiterung der DOM API kennt Microsoft für NODE-Elemente die Eigenschaft Definition, die Auskunft über die Spezifikation des Elements im Schema gibt.

Allerdings wird diese Eigenschaft vom Microsoft-Parser nur für Schemata unterstützt, die nach der XML-Data-Spezifikation erstellt wurden, nicht jedoch für XML-Schema oder DTDs. Wir werden die Unterschiede in diesem Kapitel kennenlernen.

## 3.2 Einsatzmöglichkeiten von Schemata

Schemata definieren Regeln, denen die Dokumente, die das Schema referenzieren, genügen müssen. Eine erfolgreiche Prüfung der Regeln bedeutet, daß ein Dokument sicher verarbeitet werden kann. Dabei müssen Parser nach dem Prinzip »ganz oder gar nicht« verfahren, ein Dokument ist entweder gültig oder nicht.

»Einigermaßen gültig« gibt es nicht, da die XML-Parser beim ersten Fehler die Verarbeitung abbrechen. Dies ist auch logisch, denn sie könnten in der weiteren Verarbeitung sowieso nicht zwischen neuen Fehlern und Folgefehlern unterscheiden. Der erste Fehler wird jedoch qualifiziert mit Zeilenangabe und Position berichtet.

Ein Schema kann von unterschiedlichen Anwendungen genutzt werden, unabhängig von deren Aufgabe im Anwendungssystem, denn es sagt nichts über den Verwendungszweck der Daten aus. Es ist anwendungsneutral und daher universell einsetzbar. Schemata bieten so eine Sicherheitsfunktionalität, die besonders beim Datenaustausch zwischen Anwendungen wichtig ist.

**Anwendungsübergreifende Kontrolle über Datenstrukturen**

Anwendungen zum Erstellen von Dokumenten können durch Schema-Definitionen beim Editiervorgang gesteuert werden. In diesem Szenario liest die Editor-Anwendung das Schema und prüft bei der Bearbeitung, ob eine Aktion eines Anwenders ein im Sinne des Schemata gültiges Dokument produziert.

**Einsatz von Schemata in Editoren**

Aus Schemata können GUI-Objekte wie z. B. Dialoge abgeleitet werden. Gültige Werte oder Wertbereiche können aus der Spezifikation ermittelt werden.

**GUI-Erzeugung**

Vorstellbar sind auch die Prüfung von z. B. Produktkonfigurationen, die als Schemata gepflegt oder generiert werden.

Ein Schema definiert ein eindeutiges Vokabular zur Beschreibung der erwarteten Daten in den Dokument-Instanzen. So kann ein Schema sicherstellen, daß unterschiedliche Anwendungen mit den gleichen Datenformaten arbeiten.

**Austausch von Daten**

Das Schema wird zu diesem Zweck meist auf einer allen Transaktionspartnern zugänglichen Adresse im Internet hinterlegt. Dort wird es vom Ersteller des Schemata verwaltet. Die Dokumente referenzieren dieses Schema, wodurch sichergestellt ist, daß alle Dokumente das gleiche Schema verwenden. Die Veränderung solcher Schemata kann nur noch

**Schemata sichern Transaktionen im Web**

mit sehr großer Sorgfalt geschehen, da eine Abwärtskompatibiltät stets gewährleistet sein muß. Haben die XML-Dokumente eine längerfristige Lebensdauer, als bei einer reinen Datenübertragung gegeben, oder sollen sie dauerhaft archiviert werden, ist es empfehlenswert, eine lokale Kopie des Schemata zu erstellen und sicher zu verwahren. Unter Umständen besteht nach einiger Zeit kein Zugriff mehr auf die Web-Ressource des Schemata, und die Dokumente können dann nicht mehr verarbeitet werden.

Auch wenn XML-Dokumente ohne Schemata verarbeitet werden können, kann es dennoch zu Problemen kommen, wenn auf ein benötigtes Schemata nicht mehr zugegriffen werden kann. Schemata können auch Informationen, Hinweise zu ihrer Verarbeitung beinhalten. Diese Informationen können entweder implizit in den Schema-Objekten enthalten sei, oder explizit durch Notationen oder Kommentare transportiert werden. Ein weiterer kritischer Punkt sind in diesem Zusammenhang auch Entitäten, auf die später noch genauer eingegangen wird.

**Business-to-Business-Datenübertragung**

Bei der Business-to-Business-Datenübertragung zwischen Anwendungssystemen müssen die Vorgaben des jeweiligen Transaktionspartners, dem die XML-Datei zugestellt wird, beachtet werden. Ein Anwendungsbeispiel zeigt den großen Nutzen für den Einsatz von Schemata:

Aufgabe ist die Übertragung von Bestelldaten eines Automobilherstellers an seine Zulieferer. Die Zulieferer setzen unterschiedliche EDV-Systeme ein. Anhand der Dokumenttyp-Definition kann der Hersteller allen Zulieferern eine anwendungsunabhängige Beschreibung der gesendeten Datenformate zur Verfügung stellen. Die Typdefinition wird zentral auf dem Server des Herstellers verwaltet. Der Datenaustausch erfolgt mit XML-Dateien.

Es haben sich verschiedene Industriegruppen gebildet, die zum Teil eigene Schema-Sprachen definiert haben. Es ist zwar zu erwarten, daß proprietäre Sprachen keinen langfristigen Bestand haben werden, die Berücksichtigung solcher Sprachen kann aber dennoch für eine Lösung Bedingung sein.

Dadurch wird es ggf. erforderlich, Dokumente zwischen verschiedenen Schemata zu konvertieren. Dies kann, abhängig von der Komplexität der Aufgabe, durch XSL-Stylesheets oder über das DOM geschehen. In jedem

Falle sollte ein Schema immer hinreichend dokumentiert werden, damit in einem solchen Fall die inhaltlichen Bezüge der Daten verständlich sind.

Grundsätzlich kann man zwischen den Anwendungsfällen »Dokumentbezogene Schemata« und »Datenbezogene Schemata« unterscheiden.

**Dokumentbezogene Schemata**

Ein dokumentbezogenes Schema bildet die Daten in einer Form ab, wie sie für eine Darstellung des Dokuments günstig ist. Der Aufwand für die Erstellung von Style-Sheets zur formatierten Ausgabe des Dokuments hängt stark von der Strukturierung ab. In der Entwicklung sollte daher bei der Modellierung durch Testdokumente und Stylesheets evaluiert werden, ob das Schema für den geplanten Anwendungsfall geeignet ist. In dokumentbezogenen Schemata ist es häufig sinnvoll, untergeordnete Objekte direkt in die übergeordneten einzubetten, um die Struktur später so einfach wie möglich durchlaufen zu können. Dafür wird eine größere XML-Datei in Kauf genommen.

Datenbezogene Schemata bilden meist die Struktur der Quelldaten 1:1 ab. So werden bei der Abbildung einer Datenbanktabelle die Felder zu Elementen und ihre Eigenschaften zu Attributen.

**Datenbezogene Schemata**

Strukturierte Objekte werden in der Strukturtiefe abgebildet, mit der sie in der Quelle vorliegen, wobei relationale Beziehungen zu untergeordneten Objekten sowohl eingebettet als auch durch Referenzen zu Elementen speziell dafür erzeugter Auflistungen dargestellt werden können. Dadurch, daß datenbezogene Schemata meist von Anwendungskomponenten bearbeitet werden, können solche Referenzen leichter aufgelöst werden als in Stylesheets.

## 3.3 Schemata in der Praxis

### 3.3.1 Einbindung von Schemata in Dokumente

Bevor wir auf die einzelnen Aspekte von Schemata eingehen, hier einige Beispiele, wie Dokumente und Schemata verknüpft werden. Wir werden die verschiedenen Möglichkeiten anhand der DTD-Syntax vorstellen. Dieselben Möglichkeiten sind in der Regel auch mit anderen Schemataspachen gegeben und werden später eingeführt.

#### DTD im Dokument enthalten

**Beispiel 1** DTD im Dokument enthalten

```
<!DOCTYPE menuBar [
<!ELEMENT menuBar (menuItem+ )
]>
```

Hier wird die gesamte DTD innerhalb des XML-Dokuments notiert. Der Vorteil ist, daß Schema und Dokument in einer Einheit verwaltet werden. Auf diese Art kann jedoch nicht sichergestellt werden, daß verschiedene Dokumente dieselbe DTD nutzen.

#### Externe DTDs mit enthaltener interner Entity-Deklaration

Externe DTDs werden in vom Dokument getrennten Dateien notiert. Dadurch können verschiedene Dokumente die gleiche DTD benutzen.

Häufig werden interne und externe Deklarationen gemeinsam verwandt. Ein gängiger Anwendungsfall hierfür ist das Hinzufügen von internen Entities zu externen DTDs.

```
<!DOCTYPE menuBar SYSTEM "menuBar.dtd" [
<!ENTITY copyright "copyright 1999 tarent GmbH">
]>
```

#### Externe DTD-Deklaration

Die externe DTD ist der häufigste Anwendungsfall:

```
<!DOCTYPE menuBar SYSTEM "menuBar.dtd">
```

### 3.3.2 Schema-Elemente

Die Gestaltung von Schemata erfolgt durch Deklaration der Schema-Elemente. Die möglichen Schema-Elemente sind in den verschiedenen Schema-Sprachen weitgehend gleich, auf die Unterschiede werden wir später eingehen. Wir sehen uns zunächst die verfügbaren Deklarationselemente an.

Die wichtigsten verfügbaren Deklarationen:

- Elemente
- Attribute
- Modellgruppen
- Attributlisten
- Entitäten

**Elemente**

Elemente können Attribute, Attributlisten, Modellgruppen oder Text enthalten. Sie entsprechen einem Knoten im XML-Dokument. In einem gültig validierten XML-Dokument wird z.B. der Knoten

`<menuBar>`

durch eine Deklaration

`<!ELEMENT menuBar  (menuItem+ )>`

beschrieben.

**Attribute und Attributlisten**

Attribute bilden Eigenschaften von Elementen ab. Sie können, abhängig von der Schematasprache, innerhalb eines Elements oder innerhalb einer Attributliste deklariert sein. Hier die DTD-Schreibweise als Attributliste:

`<!ATTLIST menuItem id   CDATA  #REQUIRED>`

Die Zuweisung des Attributs an das Element erfolgt hier über den Namen der Attributliste. Dies ist für DTD-Schemata typisch.

**Modellgruppen**

Modellgruppen sind Listen von Elementen, die in einem anderen Element enthalten sein dürfen:

```
<!ELEMENT menuItem   (menuItem+ | link+ )>
```

**Entitäten**

Entitäten sind ähnlich wie Makros in Progammiersprachen oder wie Textbausteine in Texteditoren zu sehen. Sie verwalten unter einem symbolischen Namen Zeichenfolgen. Sogar binäre Daten können in Entities verwaltet werden. Im folgenden Beispiel wird einfach ein Text hinterlegt:

```
<!ENTITY copyright "copyright 1999 tarent GmbH">
```

Dieser Text kann im Dokument später als &copyright; referenziert werden. Die Referenz wird im Dokument in den Wert copyright 1999 tarent GmbH aufgelöst.

Entities werden auch innerhalb von DTDs als wiederverwertbare Deklarationsblöcke eingesetzt.

### 3.3.3 Allgemeine Problematiken bei der Modellierung

Auch wenn wir Schemata im Detail erst im weiteren Verlauf dieses Kapitels kennenlernen werden, sei hier schon einmal auf allgemeine Problematiken bei der Modellierung von Schemata und damit letztlich von XML-Dateien hingewiesen.

Diese Problematiken betreffen vor allem die Entscheidungen:

- ▶ Wie tief soll ein Dokument strukturiert sein?
- ▶ Wann soll ein Element, und wann soll ein Attribut eingesetzt werden?

Die Entscheidung über die Modellierung von Daten in Elementen und Attributen behandelt der folgende Abschnitt.

**Element versus Attribut**

Eine XML-Regel, die bestimmt, ob Daten in Elementen oder Attributen modelliert werden sollen, gibt es nicht. Generell gilt, daß Elemente Inhalte beschreiben und Attribute wiederum Elemente. Es ist durchaus möglich, daß Dokumente entsprechend dem einzelnen Anwendungsfall in ihrer Struktur transformiert werden, zum Beispiel wenn die Erstellung von Stylesheets sonst nur mit unverhältnismäßigem Aufwand möglich wäre. Wir kommen darauf im Kapitel über XSL-Stylesheets zurück.

**Abbildung durch Elemente**

Bei der Abbildung durch Elemente werden Eigenschaften eines Objekts als untergeordnete Elemente notiert. Dadurch ergibt sich eine einfache Lesbarkeit, jedoch eine tiefere Struktur.

**Beispiel 2** Abbildung durch Elemente

```
<Customer>
   <Adress>
      <Created>2000-02-01</Created>
      <Prename>MyPrename</Name>
<Lastname>MyLastname</Lastname>
<Country>MyCountry</Country>
   </Adress>
</Customer>
```

**Abbildung durch Attribute**

Bei der Abbildung durch Attribute entsteht eine kompakte Darstellung, wobei gelegentlich die Lesbarkeit leidet. Da die direkte Bearbeitung von XML-Dateien ein eher seltener Anwendungsfall ist, ist dieser Aspekt jedoch nachrangig.

**Beispiel 3** Abbildung mit Attributen

```
<Customer>
      <Adress Created="2000-02-01" Prename="MyPrename"
      Lastname="MyLastname" Country="MyCountry"/>
</Customer>
```

Wichtig ist neben dem Aspekt der optimalen fallbezogenen Lösung die Anforderung, ein konsistentes und nachvollziehbares Vorgehen anzuwenden. Außer wenn in Schemata Default-Werte oder Wertbereiche spezifiziert werden sollen, was zur Zeit für Elemente nicht möglich ist, besteht freie Auswahl in bezug auf den zu wählenden Weg. Grundsätzlich ist, mit der o.g. Ausnahme, die Modellierung ausschließlich mit Elementen immer möglich, führt jedoch zu größeren Dateien.

*Kriterien für die Modellierung mit Element und Attributen*

Ein besonders häufiger Fall ist die Abbildung von Anwendungsobjekten, die durch eine XML-Schnittstelle serialisiert werden sollen. Hier ist es sinnvoll, die Struktur im korrespondierenden XML-Objekt analog anzulegen, um den intuitiven Umgang z. B. beim Verfassen von Stylesheets oder der Programmierung mit dem DOM zu unterstützen.

Im folgenden werden Entscheidungstabellen vorgeschlagen, die der Leser sicherlich mit der Zeit mit seinen eigenen Erfahrungen anreichern wird.

**Ausschlußkriterien**

Zunächst werden die Anforderungen dargestellt, die entweder Elemente oder Attribute erzwingen:

| Anforderung | Implementierung als |
| --- | --- |
| Sind die Daten strukturiert? | Element |
| Sollen Default-Werte verwaltet werden? | Attribute |

Tabelle 3.1

**Wahlfreie Kriterien**

Hier werden die Anforderungen dargestellt, die entweder Elemente oder Attribute ermöglichen:

| Anforderung | Bevorzugt Implementierung als |
| --- | --- |
| Sind die Daten nicht strukturiert? | Attribute |
| Sollen die Daten ergänzend beschrieben werden? | Element |
| Soll eine möglichst kompakte Datei erstellt werden? | Attribute |
| Soll eine möglichst einfach lesbare Datei erstellt werden? | Elemente |
| Sind die Daten der Quellobjekte mit Eigenschaften modelliert? | Attribute |

Tabelle 3.2

## DTD versus Schema

Zunächst muß eine Entscheidung getroffen werden, welche Beschreibungssprache gewählt werden soll. Zwei grundsätzlich unterschiedliche Ansätze verfolgen, wie schon im ersten Abschnitt dieses Kapitels erwähnt, DTDs und Schemata.

*Welche Beschreibungssprache sollte gewählt werden?*

### Vor- und Nachteile von DTDs

DTDs sind der Standard. Sie werden von praktisch allen validierenden Parsern erkannt und verarbeitet. Hier gibt es die meiste Literatur, Beispiele und Unterstützung durch Softwarewerkzeuge. Bei der Verarbeitung von SGML-Dokumenten kann auf verfügbare DTDs zurückgegriffen werden. Die DTD-Syntax verfügt nur über wenige Elemente und ist einigermaßen intuitiv erfaßbar und daher recht schnell erlernbar.

| Vorteile |
| --- |
| Einfache Erstellung |
| Langjährig etablierter, eindeutiger Standard |
| Gute Unterstützung durch Parser |
| Entities werden unterstützt |
| **Nachteile** |
| Nicht in XML formuliert |
| Große DTDs sind sehr unübersichtlich |
| Datentypen werden nicht unterstützt |
| Kein direkter Zugriff über das DOM |
| Wenige Ausdrucksmittel |

Tabelle 3.3

### Vor- und Nachteile von Schemata

Während es DTDs aufgrund ihrer SGML-Herkunft schon einige Jahre gibt, sind Schemata so jung wie XML. Es gibt zur Zeit ein paar konkurrierende Spezifikationen, auf die wichtigsten werden wir im nächsten Abschnitt, »Die verschiedenen Schema-Spezifikationen«, eingehen. Das W3C hat sich für die Unterstützung von XML-Schemata entschieden, dennoch gibt es durchaus sinnvolle Anwendungsfälle für andere Initiativen. Die gemeinsamen Vor- und Nachteile von Schemata in der folgenden Tabelle:

| Vorteile |
|---|
| Werden in XML formuliert |
| Direkter Zugriff über das XML DOM |
| Größerer Sprachschatz für genauere Beschreibung |
| Datentypen werden unterstützt |
| Individuell erweiterbar |
| **Nachteile** |
| Entities werden noch nicht unterstützt |
| Kein einheitlicher Standard |

Tabelle 3.4

### Welche Schema-Sprache sollte man einsetzen?

Die interessanteste Frage für den Praktiker ist sicherlich, welche Schema-Sprache man einsetzen sollte. Eine allgemeingültige Antwort kann man auf diese Frage nicht geben. Die verschiedenen Schema-Spezifikationen entstanden zum Teil aus strategischen und historischen Gründen, zum Teil aus den unterschiedlichen Anforderungen, die an sie gestellt wurden.

Wir stehen, im Gegensatz zu den meisten Autoren, die das Thema VB und XML behandeln, den proprietären Erweiterungen Microsofts eher kritisch gegenüber, müssen allerdings zugeben, daß Microsofts Taktik, Verwirrung in der XML-Welt zu stiften, aufgegangen ist. Dies gilt nicht nur, aber auch für Schemata.

**Wenn es sein muß: XML-Data**  Wer also mit den Microsoft Tools arbeitet und beabsichtigt, dies auch zukünftig ausschließlich zu tun, ist vielleicht mit XML-Data gut bedient, denn XML-Schema wird zur Zeit von Microsoft nicht unterstützt.

Ob XML-Data eingesetzt werden soll, kann von vielen projektbezogenen Faktoren abhängen. Durch erweiterte DOM-Methoden des Microsoft-Parsers kann von einem Element direkt auf seine entsprechende Schema-Definition zugegriffen werden, wenn ein XML-Data-Schema verwendet wird. Ein schönes Feature, dennoch raten die Verfasser vom Einsatz von XML-Data grundsätzlich ab, wenn nicht geplant ist, die Schemata später zu konvertieren.

XML-Schema ist dem W3C zufolge der kommende Standard. XML-Parser, die XML-Schema unterstützen, sind als Java-Implentierungen reichlich verfügbar. Ein Parser mit einer COM-Schnittstelle, wie sie der MSXML-Parser hat, der zugleich XML-Schema beherrscht, ist uns nicht bekannt. Microsofts Dominanz mit seinem ActiveX-Parser ist auf der Windows-Plattform so groß, daß es kaum wahrscheinlich erscheint, daß sich viele Hersteller der Aufgabe, ebensolche XML-Parser zu entwickeln, stellen werden. Kurz gesagt: Was an XML-Parsern mit ActiveX-Schnittstelle für Windows erstellt wird und welche Features diese Parser verfügbar haben, wird von Microsoft bestimmt.

**Die Zukunft: XML-Schema**

Wer auf Schemata nicht verzichten kann oder will und dem W3C-Standard folgen möchte, sollte auf XML-Schema setzen. Hier ist größte Zukunftssicherheit gegeben und zudem gewährleistet, daß erstellte Schemata von unterschiedlichen Softwaretools verarbeitet werden können. XML-Schema-Tools sind für Windows als C+- Klassenbibliotheken z.B. von IBM verfügbar. Alternativ können Java-Parser unter Windows eingesetzt werden.

Da bei RDF die Entwicklung noch nicht abgeschlossen ist, ist es für den produktiven Einsatz vielleicht noch etwas früh. Dennoch ist RDF überall dort eine Alternative, wo nicht nur Schemata beschrieben, sondern Objekte modelliert werden sollen. RDF ist als Format für die Beschreibung beliebiger Ressourcen besonders für Abbildung von Dokumenttypen und von Dokument-Metadaten geeignet.

## Die verschiedenen Schema-Spezifikationen

Um die Unterschiede deutlich zu machen, werden wir ein einfaches Schema in verschiedenen Schema-Sprachen darstellen. Wir werden dafür ein einfaches Anwendungsobjekt durch ein Schema beschreiben. Das Modell ist ebenso auf Dokumente übertragbar.

**Beispiel 4** Schema für eine Menüleiste

In unserem Beispiel wird eine einfache Menüleiste beschrieben. Die Menüleiste soll Menüeinträge enthalten, die Untermenüs oder Aufrufe enthalten können.

Etwas formaler (und genauer) ausgedrückt:

▶ Die Menüleiste enthält ausschließlich Menüeinträge

▶ Menüeinträge enthalten entweder Menüeinträge oder Aufrufe

▶ Die Aufrufe enthalten die Eigenschaften des Aufrufs (Quelle, Ziel)

▶ Mögliche Ziele von Aufrufen müssen content oder nav heißen

Daraus ergibt sich folgendes Modell:

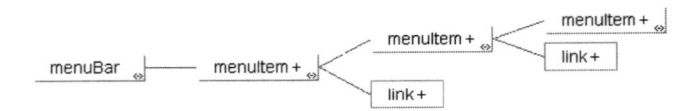

**Abbildung 3.1**

Wir werden dieses Modell als DTD notieren, die als Referenz für die übrigen Schema-Darstellungen dient. Dafür bilden wir die Objekte (menuBar, menuItem, link) als Elemente ab, die Eigenschaften der Objekte als ihnen zugeordnete Attribute (name, id, ...).

Die Elemente der DTD sind:

- menuBar, als Container für alle Menu-Elemente der 1. Hierarchie,
  `<!ELEMENT menuBar (menuItem+ )>`
- menuItem, als Menüelement und Container für Submenüs
  `<!ELEMENT menuItem (menuItem+ | link+ )>`
- link, als Container für die Beschreibung der Verknüpfung, die beim Aufruf eines Menüelements aufgelöst werden soll `<!ELEMENT link EMPTY>`

Die Attribute eines menuItem sind:

- id, um eine eindeutige ID für das Element zu verwalten
- name, um den angezeigten Namen auszunehmen

In der DTD sieht das so aus:

```
<!ATTLIST menuItem id   CDATA #REQUIRED
                   name CDATA #REQUIRED >
```

Die Attribute eines link sind:

- url, um eine eindeutige ID für das Element zu verwalten
- target, um den angezeigten Namen aufzunehmen

```
<!ATTLIST link url    CDATA #REQUIRED
               target (nav | content ) #REQUIRED >
```

Schemata in der Praxis **47**

Hier nun die vollständige DTD:

**Beispiel 4** Referenz-DTD Menübar

```
<!ELEMENT menuBar   (menuItem+ )>

<!ELEMENT menuItem  (menuItem+ | link+ )>
<!ATTLIST menuItem  id   CDATA  #REQUIRED
                    name CDATA  #REQUIRED >
<!ELEMENT link EMPTY>
<!ATTLIST link  url    CDATA  #REQUIRED
                target (nav | content )  #REQUIRED >
```

Im Hinblick auf die enthaltenen Informationen ist die DTD sehr kompakt. Wir werden nun diese DTD in anderen Schemataprachen betrachten.

### XML-Data

*Der Internet Explorer versteht XML-Schema nicht*

Um möglichst schnell Schema nutzen zu können, implementierte Microsoft im Internet Explorer eine Untermenge der XML-Data-Spezifikation. Zum jetzigen Zeitpunkt wird auch nur diese vom Microsoft Parser mit vollem Funktionsumfang unterstützt. XML-Schema verstehen der Microsoft-Parser und -Browser nicht.

Der IE5 validiert bei Anzeige einer XML-Datei nicht. Eine Validierung im Browser muß explizit durch ein Script angestoßen werden. Auch wenn XML-Data nicht der Favorit des W3C bei der Entscheidung zu einer einheitlichen Schema-Sprache ist, kommt man, wenn man die Features des Microsoft-Parsers vollständig nutzen will, nicht am Einsatz von XML-Data vorbei. Ein gängiger Kompromiß ist der Einsatz von DTDs.

Hier die Darstellung unserer DTD im sogenannten IE5 Subset von XML-Data:

**Beispiel 5** Menübar als XML Data Subset

```
<?xml version ="1.0"?>
<Schema name = "menubar.dtd"
    xmlns = "urn:Schemata-microsoft-com:xml-data"
    xmlns:dt = "urn:Schemata-microsoft-com:datatypes">
  <ElementType name = "menuBar" content = "eltOnly" order = "seq">
    <element type = "menuItem" minOccurs = "1" maxOccurs = "*"/>
```

```
        </ElementType>

        <ElementType name = "menuItem" content = "eltOnly" order = "one">
            <AttributeType name = "id" dt:type = "string" required = "yes"/>
            <AttributeType name = "name" dt:type = "string" required = "yes"/>
            <attribute type = "id"/>
            <attribute type = "name"/>
            <element type = "menuItem" minOccurs = "1" maxOccurs = "*"/>
            <element type = "link" minOccurs = "1" maxOccurs = "*"/>
        </ElementType>

        <ElementType name = "link" content = "empty">
            <AttributeType name = "url" dt:type = "string" required = "yes"/>
            <AttributeType name = "target" dt:type = "enumeration" dt:values = "nav content" required = "yes"/>
            <attribute type = "url"/>
            <attribute type = "target"/>
        </ElementType>
</Schema>
```

## XML-Schema

XML-Schema ist der vom W3C favorisierte Standard und wird sich langfristig durchsetzen. Jedoch wird es noch einige Zeit dauern, bis eine flächendeckende Unterstützung durch Parser gegeben ist. Die vorhandenen Implementierungen haben eher experiementiellen Charakter. Die Unterschiede zwischen dem vom Microsoft unterstützen XML-Data und XML-Schema sind jedoch nicht so groß, daß eine Konvertierung zwischen den Sprachen nicht möglich wäre, denn beides sind schließlich XML Sprachen. Auch kann man davon ausgehen, daß Parser noch einige Zeit zu DTDs abwärtskompatibel sein werden. Die Darstellung der DTD in XML-Schema macht die Unterschiede zu XML-Data deutlich:

```xml
<?xml version ="1.0"?>
<schema name = "menubar"
  xmlns="http://www.w3.org/1999/05/06-xmlschema-1/structures.xsd">
   <elementType name = "menuBar" model = "open">
      <sequence>
         <elementTypeRef name = "menuItem" minOccur = "1" maxOccur = "*"/>
      </sequence>
   </elementType>

   <elementType name = "menuItem" model = "open">
      <choice>
         <elementTypeRef name = "menuItem"
                         minOccur=          1"          maxOccur = "*"/>
         <elementTypeRef name = "link" minOccur = "1" maxOccur = "*"/>
      </choice>
      <attrDecl name = "id" required = "true">
         <datatypeRef name = "string"/>
      </attrDecl>
      <attrDecl name = "name" required = "true">
         <datatypeRef name = "string"/>
      </attrDecl>
   </elementType>

   <attrDecl name = "id" required = "true">
      <datatypeRef name = "string"/>
   </attrDecl>

   <attrDecl name = "name" required = "true">
      <datatypeRef name = "string"/>
   </attrDecl>

   <elementType name = "link" model = "open">
      <empty/>
      <attrDecl name = "url" required = "true">
         <datatypeRef name = "string"/>
      </attrDecl>
```

```
    <attrDecl name = "target" required = "true">
       <datatypeRef name = "ENUMERATION">
          <enumeration>
             <literal>nav</literal>
             <literal>content</literal>
          </enumeration>
       </datatypeRef>
    </attrDecl>
</elementType>

<attrDecl name = "url" required = "true">
   <datatypeRef name = "string"/>
</attrDecl>

<attrDecl name = "target" required = "true">
   <datatypeRef name = "ENUMERATION">
      <enumeration>
         <literal>nav</literal>
         <literal>content</literal>
      </enumeration>
   </datatypeRef>
</attrDecl>
</schema>
```

**Darstellung als RDF**

RDF stellt den, im Vergleich zu den bisher beschriebenen Schema-Sprachen, allgemeinsten Ansatz zur Beschreibung von Metadaten zur Verfügung. Das Ziel von RDF ist nicht ausschließlich die Beschreibung von Dokument-Schemata, sondern die Beschreibung beliebiger Ressourcen. Die Ziele von RDF:

- ▶ Bessere Recherche nach Web-Dokumenten
- ▶ Möglichkeit der Indexierung und Katalogisierung
- ▶ Beschreibung virtueller Dokumente
- ▶ Profiling

Für die Beschreibung von Schemata durch RDF wurde RDF-Schema erstellt. RDF-Schema ist ein Satz von RDF-Objekten mit dem Ziel, Dokument und Objektbeschreibungen zu erstellen.

Durch Integration Digitaler Signaturen soll RDF ein Standard für E-Commerce und kollaborative Anwendungen werden.

Das Konzept von RDF ähnelt dem eines Klassensystems einer objektorientierten Programmiersprache. Klassen können wiederverwendet und auch verfeinert werden. Eine Sammlung von Klassen einer Applikation in einer RDF-Datei wird als Schema bezeichnet. Für diesen Zweck stellt RDF eine eigene Spezifikation zur Verfügung, die die für die Beschreibung von Schemata erforderlichen Klassen enthält: RDF-Schema. Hier unser Beispiel in RDF codiert.

```xml
<?xml version ="1.0"?>
<DCD xmlns:RDF = "http://www.w3.org/1999/02/22-rdf-syntax-ns#">
   <ElementDef Type = "menuBar" Content = "Closed"
           Model = "Elements">
      <Group RDF:Order = "Seq">
         <Group Occurs = "OneOrMore">
            <Element>menuItem</Element>
         </Group>
      </Group>
   </ElementDef>

   <ElementDef Type = "menuItem" Content = "Closed"
           Model = "Elements">
      <AttributeDef Name = "id" Occurs = "Required"/>
      <AttributeDef Name = "name" Occurs = "Required"/>
      <Group RDF:Order = "Alt">
         <Group Occurs = "OneOrMore">
            <Element>menuItem</Element>
         </Group>
         <Group Occurs = "OneOrMore">
            <Element>link</Element>
         </Group>
      </Group>
   </ElementDef>
```

```
    <ElementDef Type = "link" Content = "Closed" Model =
            "Empty">
      <AttributeDef Name = "url" Occurs =
                                          "Required"/>
      <AttributeDef Name = "target" Datatype =
                      "enumeration" Occurs = "Required">
         <Values>nav content</Values>
      </AttributeDef>
    </ElementDef>
</D
```

# 4 Das Document Object Model

*Das Document Object Model (DOM) wurde vom W3C entwickelt, um ein plattform- und sprachunabhängiges Interfacemodell für objektorientierte Dokumente bereitzustellen. Im Normalfall versteht man unter einem Dokument einen Text mit den dazugehörigen Auszeichnungen. In XML umfaßt dieser Begriff nun aber auch enthaltene Daten, die in einer strukturierten Form vorliegen und dadurch eindeutig zu adressieren sind.*

Aufgrund der in XML-Dokumenten enthaltenen Struktur und der Möglichkeit, diese durch Objekte abzubilden, kann man von einer objektorientieren Dokumentstruktur sprechen.

Das DOM spezifiziert das Interface für den Zugriff auf diese objektorientierte Dokumentstruktur.

## 4.1 Das W3C DOM

### 4.1.1 Was ist das DOM und was ist es nicht?

Das DOM ist ein plattform- und sprachunabhängiges Interface für den Zugiff auf die Dokumentstruktur und hat somit keine binäre Ausprägung. Damit sollte klar sein, daß es sich auch beim Microsoft DOM nicht um »das« DOM handelt, sondern um eine Komponente, die das DOM-Interface implementiert.

Des weiteren stellt das DOM auch kein Regelwerk für die XML-Semantik dar. Diese ist in der entsprechenden XML-Spezifikation des W3C festgehalten.

Zugriffskomponenten, die das Interface implementieren, stellen damit alle notwendigen Funktionen für die Manipulation von XML-Dokumenten zur Verfügung.

### 4.1.2 Vom Dokument zum DOM

Die im XML-Dokument enthaltene Struktur wird innerhalb des DOMs durch geschachtelte Objekte dargestellt. Somit entsteht ein Objektmodell mit einer Baumstruktur, das durch die verschiedenen Hirarchiestufen Knotenpunkte (Nodes) erhält.

```
<specifications>
<spec>Canonical XML</spec>
<spec>Extensible Stylesheet Language</spec>
<spec> Infoset WD of May 8, 1999</spec>
    .
</specifications>
```

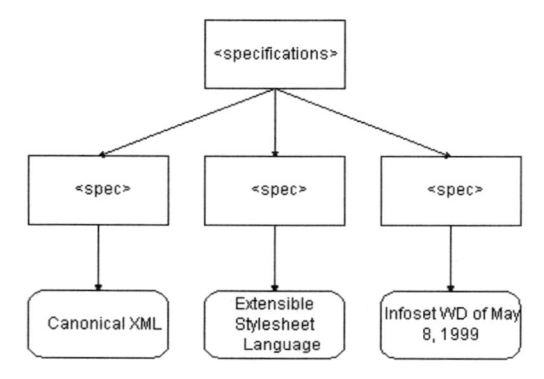

**Abbildung 4.1** Objektstruktur des vorangegangenen XML-Dokuments im DOM

An jedem Objekt innerhalb der Baumstruktur, an dem eine Aufteilung in weitere darunterliegende Objekte erfolgt, sprechen wir von einem Node-Objekt. Alle Node-Objekte enthalten eine Auflistung der Objekte, die in der untergeordneten Hirarchiestufe liegen. Abgesehen vom Wurzelobjekt enthält jedes Node-Objekt eine Referenz auf das ihm übergeordnete Node-Objekt.

### 4.1.3 Objekttypen im DOM

Obwohl das DOM auch die kleinste Informationseinheit durch ein generisches Node-Objekt darstellt, kann man verschiedene Objekttypen innerhalb des DOM unterscheiden.

Die nachfolgende Grafik zeigt einen Ausschnitt der zur Verfügung stehenden Objekttypen.

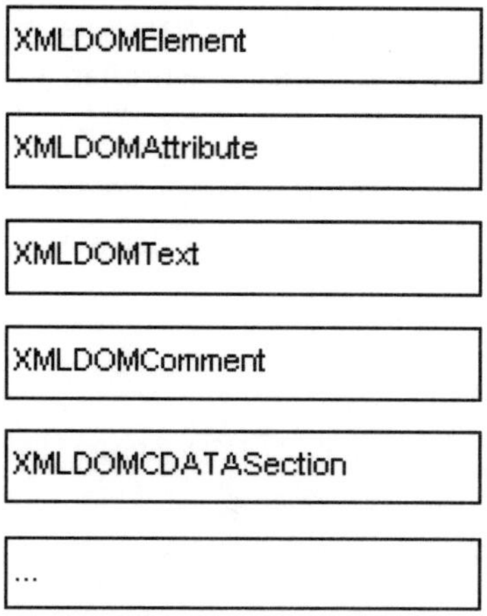

```
XMLDOMElement

XMLDOMAttribute

XMLDOMText

XMLDOMComment

XMLDOMCDATASection

...
```

**Abbildung 4.2** Eine kleine Auflistung von Objekttypen innerhalb des DOM

## 4.2 Das Microsoft DOM

Microsoft liefert mit der MS XML-Library eine ActiveX-Komponente aus, die das DOM in der Version Level 1 implementiert.

### 4.2.1 Die Basis-Objekte im Microsoft DOM

Alle nachfolgend beschriebenen Objekte implementieren die Basis-Interfaces, die durch das W3C spezifiziert sind. Hinzu kommen einige Microsoft-spezifische Erweiterungen für die Unterstützung von Namespaces, DataTypes, XML-Schemas, XSL-Operationen und dem asynchronen Laden von XML-Dateien.

Bevor wir genauer auf einzelne Objekte innerhalb des Microsoft DOM eingehen, zeigt die nachfolgende Tabelle einen kurzen Abriß der enthaltenen Objekte.

| Objektname | Beschreibung |
| --- | --- |
| XMLDOMDocument | Dieses Objekt repräsentiert das XML-Dokument als solches. |
| XMLDOMNode | Dieses Objekt repräsentiert ein einzelnes Element innerhalb des Dokumentenbaums. Hierbei unterstützt es Datentypen, Namespaces, DTDs und XML-Schemas. |
| XMLDOMNodeList | Dieses Objekt dient dem Zugiff per Name oder Index auf eine Liste mit XMLDOMNode-Objekten. |
| XMLDOMNamedNodeMap | Dieses Objekt dient dem Zugriff auf die Attribute eines Elements. |
| XMLDOMParseError | Dieses Objekt liefert detaillierte Informationen über den letzten aufgetretenen Fehler. Hierzu zählen Zeilennummer, Position des Zeichens etc. |
| XMLHTTPRequest | Dieses Objekt ermöglicht es, eine HTTP-Verbindung zu einem Web-Server herzustellen und Standard-HTTP-Funktionen wie Put oder Get auszuführen. |
| XTLRuntime | Dieses Objekt beinhaltet Methoden für die Transformation von XML-Dateien mittels XSL. |

Tabelle 4.1

## XMLDOMDocument

Das **XMLDOMDocument**-Objekt repräsentiert die XML-Datei selbst. Es ist das einzige DOM-Objekt, das von außen instanziiert werden kann. Auf die anderen im DOM enthaltenen Objekte kann nur über das **XMLDOM-Document** zugegriffen werden.

Durch das Laden eines XML-Streams bzw. einer XML-Datei erfolgt deren Validierung, sofern diese nicht deaktiviert ist.

## XMLDOMNode

Hierbei handelt es sich um ein Basisobjekt, dessen Eigenschaften und Methoden von vielen anderen Objekten innerhalb des DOMs implementiert wurden.

Über die **nodeType**-Eigenschaft des Objekts ist es möglich, den Namen des tatsächlichen Objekttyps zu erfahren.

## XMLDOMNodeList

Dieses Objekt stellt eine Collection von **XMLDOMNode**-Objekten dar. Es wird meistens zusammen mit dem **childNodes**-Property des **XML-DOMNode**-Objekts genutzt.

## XMLDOMNamedNodeMap

Das **XMLDOMNamedNodeMap**-Objekt ist eine weitere Collection innerhalb des Microsoft DOM. Es wird für die Auflistung von Attributen eines **XMLDOMNode**-Objekts genutzt.

## XMLDOMParseError

Sollte das **DOMDocument**-Objekt beim Parsen des XML-Codes einen Fehler finden, so wird dieser durch das **XMLDOMParseError**-Objekt beschrieben.

Hierbei liefert das Objekt Informationen über die Zeilennummer des Fehlers, das Zeichen, die Fehlerbeschreibung etc.

## XMLHTTPRequest

Dieses Objekt ermöglicht den Aufbau einer Verbindung zu einem Webserver. Ebenso wie die hauptsächlichen Methoden **open()** für den Aufbau einer Verbindung und **send()** für die Übermittlung stehen natürlich auch Methoden und Eigenschaften für die Auswertung der Antwort des Webservers zur Verfügung.

**XTLRuntime**

Die Methoden dieses Objektes sind einzig und allein für die Transformation von XML-Dateien durch XSL vorgesehen und sind daher auch nur innerhalb des XSL-Codes zugreifbar. Für den Zugriff mittels Visual Basic gibt es keine Möglichkeit.

### 4.2.2 Die erweiterten Objekte im Microsoft DOM

Nachdem Sie im vorherigen Abschnitt über die Basis-Objekte innerhalb des Microsoft DOMs informiert wurden, kommen wir nun zu den erweiterten Objekten.

Die erweiterten Objekte implementieren hierbei Interfaces, die durch die Basis-Objekte des DOM definiert wurden.

Auch hierbei erhalten Sie nachfolgend einen kurzen Abriß über die Funktion der hierzu gehörigen Objekte.

| Objektname | Beschreibung |
| --- | --- |
| XMLDOMCharacterData | Dieses Objekt stellt Methoden für die Textbearbeitung zur Verfügung und wird daher auch von anderen Objekten innerhalb des DOM implementiert. |
| XMLDOMComment | Dieses Objekt repräsentiert den Inhalt eines Comments. |
| XMLDOMDocument-Fragment | Dieses leichtgewichtige Objekt repräsentiert ein Fragment aus dem Objektbaum des DOMs. |
| XMLDOMEntityReference | Dieses Objekt repräsentiert eine Entity innerhalb des XML-Codes. |
| XMLDOMImplementation | Dieses Objekt stellt Methoden zur Verfügung, die unabhängig von der Instanz des DOM sind. |
| XMLDOMNotation | Dieses Objekt repräsentiert die Deklaration der Notation innerhalb einer DTD oder eines Schemas. |
| XMLDOMText | Dieses Objekt repräsentiert den Text eines Elements oder eines Attributes. |

Tabelle 4.2

| Objektname | Beschreibung |
| --- | --- |
| XMLDOMElement | Dieses Objekt repräsentiert jedes Element innerhalb des Dokuments. |
| XMLDOMCDATASection | Dieses Objekt repräsentiert den Wertebereich eines Elements, das in eine CDATA-Klammer eingeschlossen ist. Diese Daten wurden beim Parsen nicht berücksichtigt. |
| XMLDOMAttribute | Dieses Objekt repräsentiert ein einzelnes Attribut eines Elements. |
| XMLDOMDocumentType | Dieses Objekt repräsentiert die Document Type Definition bzw. den Verweis auf eine entsprechende Datei. |
| XMLDOMEntity | Dieses Objekt repräsentiert eine Entity im DTD-Bereich einer XML-Datei. |
| XMLDOMProcessingInstruction | Dieses Objekt repräsentiert eine Processing Instruction in der XML-Datei. |

Tabelle 4.2

## XMLDOMCharacterData

Das **XMLDOMCharacterData**-Objekt repräsentiert keinen Node innerhalb des XML-Codes. Vielmehr dient es als Hilfsobjekt für andere Objekte, die einen Node mit langen Textpassagen repräsentieren. Hierfür stellt dieses Objekt Methoden für die Bearbeitung zur Verfügung.

## XMLDOMComment

Dieses Objekt repräsentiert den gesamten Inhalt innerhalb der XML-Comment-Tags <!-- und -->. Spezielle Methoden weist dieses Objekt nicht auf und ist deckungsgleich mit dem **XMLDOMCharacterData**-Objekt.

## XMLDOMDocumentFragment

Das leichtgewichtige **XMLDOMDocumentFragment**-Objekt repräsentiert einen Teilbaum der Objektstruktur innerhalb des XML-Dokumentes. Hierbei stellt es z.B. für das Einfügen von Nodes spezielle Methoden zur Verfügung, die dieses Objekt für Entwickler interessant werden lassen.

**XMLDOMEntityReference**

Dieses Objekt stellt eine einzelne Entität dar, wie sie im XML-Code festgelegt ist.

**XMLDOMImplementation**

Dieses Objekt hat den Charakter eines Hilfsobjekts. Seine Methoden sind unabhängig von einer laufenden Instanz des DOM.

**XMLDOMNotation**

Das **XMLDOMNotation**-Objekt enthält die Notation, die innerhalb einer DTD oder eines XML-Schemas spezifiziert ist.

**XMLDOMText**

Dieses Objekt repräsentiert den Wertebereich eines Nodes. Hierbei ist es möglich, innerhalb eines XMLDOMNode-Objekts mehrere dieser Nodes zu erzeugen.

Beim Ladevorgang eines XML-Dokuments erfolgt eine Normalisierung dieser Objekte. Das heißt, daß innerhalb eines **XMLDOMNode**-Objektes nur ein **XMLDOMText**-Objekt enthalten ist.

Sollten Sie diese Normalisierung innerhalb eines geladenen und bereits bearbeiteten XML-Dokumentes durchführen wollen, so befindet sich hierfür am **XMLDOMElement**-Objekt die **normalize**-Methode.

**XMLDOMElement**

Dieses Objekt repräsentiert jedes Element innerhalb des XML-Codes. Hierbei unterstützt es alle notwendigen Funktionen für die Manipulation des Elements selbst und der zugehörigen Attribute.

**XMLDOMCDATASection**

Dieses Objekt repräsentiert den Wert, der sich innerhalb der **CDATA**-Tags (![...]]) im XML-Code befindet.

**XMLDOMAttribute**

Durch das **XMLDOMAttribute** wird ein Attribut eines Elementes dargestellt. Die **XMLDOMAttribut**-Objekte eines **XMLDOMNode**-Objektes werden hierbei in einer **XMLDOMNamedNodeMap**-Collection gehalten.

## XMLDOMDocumentType

Es enthält alle Information bezüglich enthaltener Entities oder DTD-Deklarationen und kann nur über das **ReadOnly**-Property des **DOMDocument**-Objekts zugegriffen werden.

## XMLDOMEntity

Innerhalb des DTD-Bereichs können Sie Entities für die Benutzung als Konstanten deklarieren. Fünf solcher Entities sind bereits definiert (predifined Entities) und bedürfen somit keiner expliziten Deklaration.

| Zeichen | Entity-Konstante |
|---------|------------------|
| &       | &amp;            |
| '       | &apos;           |
| >       | &gt;             |
| <       | &lt;             |
| "       | &quot;           |

Tabelle 4.3

## XMLDOMProcessingInstruction

Processing Instructions innerhalb des XML-Codes werden durch dieses Objekt dargestellt.

# 5 Abfragen in XML

*XML stellt eine eigene Abfragesprache zur Verfügung, die als XPath bezeichnet wird. XPath dient zur Positionierung auf Elementebene in XML-Dateien. Sie kann sowohl im DOM als auch in XSL-Stylesheets eingesetzt werden.*

Die Syntax, mit der XML-Dateien auf Ebene der DOM-Elemente abgefragt werden können, ist in der XPath-Spezifikation festgelegt. Man kann mit XPath-Ausdrücken alle Elemente adressieren. Für den Zugriff innerhalb von XML-Elementen (zum Beispiel eine Zeichenposition in einem Text-Node) ist XPointer gedacht. Da dies von den Parsern noch nicht implementiert ist, gehen wir nicht näher darauf ein. Die XPointer-Spezifikation ist auf der Buch-CD enthalten oder beim W3C einzusehen.

XPath-Ausdrücke werden von XML-Parsern und von XSL-Prozessoren verstanden, daher sind sie sowohl in XSL-Stylesheets als auch im XML-DOM nutzbar.

Die Idee hinter XPath steckt schon im Namen. Da XML-Dokumente mit Verzeichnisstrukturen verglichen werden können, können wir auf ein Objekt oder eine Gruppe von Objekten durch die Angabe eines Pfades verweisen. Das funktioniert so ähnlich wie das gute alte dir-Kommando unter DOS.

**Der Microsoft-Parser unterstützt eine erweiterte Version von XPath, die auch unter dem Namen XSLPattern bekannt ist. Hierbei handelt es sich um eine XPath-Variante, die um Elemente von XQL erweitert wurde.**

## 5.1 Die Syntax

XPath unterstützt eine sehr einfache und kurze Schreibweise für die Erstellung von Abfragen in XML-Dokumenten. Da vieles durch die intuitive Syntax von XPath selbsterklärend ist, beginnen wir mit einer kurzen Liste von Beispielen, bevor wir im einzelnen auf XPath eingehen.

Alle Beispiele werden in bezug auf den globalen Kontext der XML-Datei ausgeführt, da die Ausdrücke mit dem Kontext-Operator // beginnen. Im Abschnitt Kontext-Operatoren gehen wir auf die verschiedenen Operatoren näher ein.

| | |
|---|---|
| //field | Alle Elemente, die den Namen **field** haben, werden von diesem Ausdruck zurückgeliefert, ganz gleich, wo sie sich in der Hierarchie des Dokuments befinden. |
| //field[@name] | Alle Elemente, die den Namen **field** haben und ein Attribut name enthalten, werden von diesem Ausdruck zurückgeliefert, ganz gleich, wo sie sich in der Hierarchie des Dokuments befinden. |
| //field[@name='Comment'] | Alle Elemente, die den Namen **field** haben und ein Attribut **name** enthalten, dessen Wert »Comment« ist, werden von diesem Ausdruck zurückgeliefert, ganz gleich, wo sie sich in der Hierarchie des Dokuments befinden. |
| //field[2] | Selektiert das zweite auftretende Element mit Namen **field** innerhalb der XML-Datei. |

**Tabelle 5.1**

Die Ergebnismenge dieser Abfragen ist abhängig von der Zugriffsmethode des DOMs, und von der Umgebung (XML oder XSL), in der sie ausgeführt wird.

Die DOM-Methode **selectNodes** liefert entweder ein Node-Set zurück oder **NULL**.

Die DOM-Methode **selectsingleNode** liefert entweder ein Node-Element zurück oder **NULL**.

In XSL wird immer ein Node-Set zurückgeliefert oder **NULL**.

Node-Sets enthalten die durch einen XPath-Ausdruck generierte Ergebnismenge. Hierbei bleibt sowohl die Reihenfolge als auch die Struktur erhalten, wie sie auch im gesamten XML-Dokument vorliegt.

## 5.2 Operatoren in XPath

### 5.2.1 Vergleichs-Operatoren

Innerhalb eines XPath-Ausdrucks können fast alle gebräuchlichen Vergleichsoperatoren eingesetzt werden. Dadurch sind auch sehr komplexe Abfragen möglich. Diese werden jedoch leicht unübersichtlich, wenn sie im globalen Kontext ausgeführt werden.

Die folgende Tabelle zeigt eine Aufstellung der in XPath zur Verfügung stehenden Vergleichs-Operatoren. Neben der vom Microsoft-Parser genutzten Darstellung der Operatoren gibt es noch die des W3C und eine Kurzform (ebenfalls W3C-compliant). Microsoft unterstützt aber mit seinen neueren Parsern die offizielle Schreibweise.

| Operator | W3C    | Shortcut | Beschreibung |
|----------|--------|----------|--------------|
| And      | $and$  | &&       | Logisches und |
| Or       | $or$   | \|\|     | Logisches oder |
| not()    | $not$  |          | Verneinung |
| =        | $eq$   |          | Gleich |
| !=       | $ne$   |          | Ungleich |
| <        | $lt$   |          | Kleiner als |
| <=       | $le$   |          | Kleiner gleich |
| >        | $gt$   |          | Größer als |
| >=       | $ge$   |          | Größer gleich |
| \|       |        |          | Liefert den vereinigten Wert zweier Nodes. |

Tabelle 5.2

Hier einige Beispiele zu den Vergleichsoperatoren:

- **folder[folder and file]**
  liefert uns alle **folder**, die auch mindestens ein **file** enthalten
- **folder[not(folder) and not(file)]**
  liefert uns alle **folder**, die weder **folders** noch **files** enthalten

- folder[@size $gt$ 1000 ]
  liefert uns alle **folder**, deren Size-Attribut größer als 1000 ist
- folder[index() $le$ 2]
  liefert uns die ersten drei **folder**

Wie in allen Programmiersprachen üblich, ist auch in XPath eine Rangfolge der Wertigkeiten in der Spezifikation verankert:

| 1. | ( ) | Gruppierung |
|---|---|---|
| 2. | [ ] | Filterausdruck |
| 3. | ! | Methodenaufruf |
| 4. | / // | Pfadoperationen |
| 5. | $any$ $all$ | Zuweisungsoperationen |
| 6. | = != $lt$ $le$ $gt$ $ge$ $eq$ $ne$ $ieq$ | Vergleichsoperationen |
| 7. | \| | Vereinigungen |
| 8. | not() | Logische Verneinung |
| 9. | And | Logisches und |
| 10. | Or | Logisches oder |

Tabelle 5.3

### 5.2.2 Numerische Operationen

Berechnungen in XPath sind möglich, erleichtern jedoch auch nicht die Übersicht und sollten daher zurückhaltend eingesetzt werden. Zudem bremsen sie die Verarbeitung.

Die folgenden Zeichen stehen für numerische Operationen zur Verfügung.

| Operator | Beschreibung |
|---|---|
| + | Addition |
| - | Subtraktion |
| * | Multiplikation |

Tabelle 5.4

| Operator | Beschreibung |
|---|---|
| Div | Division |
| Mod | Modulare Division |

Tabelle 5.4

### 5.2.3 Kontext-Operatoren

Die Kontext-Operatoren sind ein wesentliches Mittel zur Navigation in XML-Dokumenten. Insbesondere beim Verfassen von XSL-Stylesheets und der Anwendung von Templates in XSL ist es wichtig zu kontrollieren, in welchem Kontext man sich befindet. Der Kontext wird durch das Element beschrieben, auf dem der Parser im Moment der Ausführung des XPath-Ausdrucks positioniert ist. Der //-Operator führt die Abfrage in allen Kontexten des Dokuments aus.

| Operator | Beschreibung |
|---|---|
| / | Selektiert die Kind-Nodes des Nodes, in dessen Kontext man sich befindet. |
| // | Selektiert alle im Dokument enthaltenen Nodes. |
| . | Selektiert den Node, in dessen Kontext man sich befindet. |
| .. | Selektiert den übergeordneten Node des Nodes in dessen Kontext man sich befindet. |
| * | Selektiert alle Nodes, unabhängig ihrer Bezeichnung (Wildcard). |
| @ | Präfix für den Zugriff auf Attribute. |
| @* | Selektiert alle Attribute, unabhängig von ihrer Bezeichnung (Wildcard). |
| : | Separator für Namespace-Bezeichnung und Element-Bezeichnung. |
| !() | Ordnet eine Funktion dem spezifizierten Node zu. |
| () | Dient dem Gruppieren von Ausdrücken. |
| [] | Dient dem Anwenden von Filterausdrücken. |
| current() | Liefert den aktuellen Kontext-Node. |
| id() | Liefert den Node mit der angegebenen ID. |

Tabelle 5.5

### 5.2.4 Wechseln des Kontexts mit der anchestor-Funktion

Die **anchestor**-Funktion liefert den nächstmöglichen Vorfahren zurück, der dem im Argument übergebenen Suchausdruck entspricht. Dabei besteht die Rückgabemenge entweder aus dem gefundenen Node oder Null.

Es ist nicht möglich, die ancestor-Funktion innerhalb eines XPath-Ausdrucks rechts von einem Kontext-Operator zur verwenden, da sich **anchestor** nur auf das aktuelle Element beziehen kann.

Um innerhalb eines Dokuments das letzte vorangehende strukturgebende Element zu finden, wäre der folgende Ausdruck möglich:

anchestor(*[@outlinelevel])

Vorausgesetzt, alle strukturgebenden Elemente würde ein Outline-Level haben, nicht strukturgebende Elemente keines.

Die vorangehende Überschrift der Ebene 1 liefert uns folgender Ausdruck:

anchestor(heading[@level='1'])

### 5.2.5 Einsatz der context-Funktion

Die **context**-Funktion ist nützlich, um Werte aus dem aktuellen Element in den Pfadausdruck einzubeziehen. So liefert der folgende Ausdruck alle Dateien in einer Version, deren **extension**-Attribut dem der Datei im aktuellen Kontext entspricht

//file[.=context()/@extension]

Die **context**-Funktion kann auch mit einem Index-Parameter initialisiert werden. Dabei liefert

- der Index (0) die Wurzel des Dokuments
- der Index (-1) den aktuellen Kontext, ist also gleichbedeutend mit **context()**
- der Index (-2) den Vorfahren, also gleichbedeutend mit **anchestor()**
- jeder weitere negative Index zeigt auf den in der Hierarchie jeweils höheren Kontext

## 5.2.6 Einsatz der id-Funktion

Die id-Funktion setzt voraus, daß in einer dem XML-Dokument zugeordneten DTD ein Attribut mit dem Typ ID spezifiziert wurde. Über diese ID können dann Querverweise verwaltet oder das Element mit einer bestimmten ID geladen werden.

Wir betrachten zunächst folgende XML-Datei als Beispiel eines Verzeichnissystems:

```
<?xml version="1.0" encoding="iso8859-1"?>
<drive>
  <folder id="1" name="doc">
    <file id="11" name="myFile.ext">
  </folder>
  <folder id ="2" name="favorites">
   <file link="11"/>
  </folder>
</drive>
```

Der erste **doc**-Ordner, enthält eine Datei mit Namen **myFile.ext**. Der zweite Ordner ist ein **Favorites**-Ordner, der nur Verweise auf Dateien enthält. Den Verweis drücken wir durch das **link**-Attribut aus, dessen Wert die ID der referenzierten Datei enthält. Die Benamung spielt für die Fumktionalität keine Rolle, entscheidend ist hier nur die Deklaration der ID in der DTD.

//file[@id='2']/id(@link)

liefert uns jetzt das Element

`<file id="11" name="myFile.ext">`

zurück.

## 5.2.7 Verwendung von Wildcards

In XPath existiert als Wildcard nur das *-Zeichen. Der * kann sowohl als Wildcard für Element- als auch für Attribut-Name oder -Wert eingesetzt werden:

| | |
|---|---|
| *[@name] | Selektiert alle im Kontext des aktuellen Nodes befindlichen Elemente, die ein Attribut mit der Bezeichnung »name« enthalten. |

**Tabelle 5.6**

### 5.2.8 Verwendung des Index

Mittels des in eckigen Klammer eingeschlossenden Index kann in einem Node-Set explizit auf ein Node zugegriffen werden. Der Index in Node-Sets beginnt bei 0.

Bei allen XPath-Bedingungen, die Bedingungen enthalten, die in eckige Klammern gefaßt sind, ist zu beachten, daß diese eine höhere Bedeutung haben als Ausdrücke, die / oder // enthalten.

Im folgenden Beispiel bedeutet dies, daß die Bedingung

`//comment()[3]`

alle Kommentare mit dem Index 3 zurückliefert. Dies geschieht, da die Bedingung wie folgt interpretiert wird.

- Erst alle Kommentare filtern
- Dann alle mit dem Index (3) filtern

Durch Klammern verdeutlicht bedeutet dies: `//(comment()[3])`

Möchte man jedoch den 3., im XML-Dokument enthaltenen Kommentar zurückgeliefert bekommen, so muß die Bedingung folgendermaßen aussehen.

`(//comment())[3]`

| | |
|---|---|
| (//field)[3] | Selektiert das field-Element mit dem Index 3 innerhalb aller field-Elemente. |

**Tabelle 5.7**

## 5.2.9 Typunterscheidung von Nodes

Da es manchmal wünschenswert ist, eine Selektion über den Node-Typ zu machen, stellt XPath die folgenden Funktionen zur Verfügung.

| Operator | Beschreibung |
| --- | --- |
| node() | Liefert das Node-Element |
| text() | Liefert den Text des Elements, Leerzeichen bleiben erhalten |
| comment() | Für Comment-Nodes |
| processing-instruction() | Für Processing-Instruction-Nodes |
| * | Für alle Node-Typen abhängig vom Pfad (Element/Attribut) |
| value() | Liefert den Wert des Elements |

**Tabelle 5.8**

Diese Operatoren sind größtenteils Erweiterungen zur W3C-Spezifikation. Der Einsatz von **text()** ist in jedem Fall dem von **value()** vorzuziehen, da letzteres nicht korrekt mit Leerzeichen umgeht.

## 5.3 Weitere XPath-Funktionen

### 5.3.1 Boolesche Funktionen

Die in XPath enthaltenen booleschen Funktionen dienen der Wertkonvertierung in einen booleschen Wert bzw. der einfachen Lieferung solcher.

| Operator | Beschreibung |
| --- | --- |
| Boolean() | Konvertiert das Argument in einen booleschen Wert. |
| false() | Liefert den Wert false zurück. |
| not() | Liefert den Wert true zurück, wenn das Argument den Wert false hat. |
| true() | Liefert den Wert true zurück. |

Tabelle 5.9

### 5.3.2 Node-Set-Funktionen

Die Node-Set-Funktionen dienen dem erweiterten Filtern und Selektieren in Node-Sets.

| Operator | Beschreibung |
| --- | --- |
| count() | Liefert die Anzahl der Nodes im Node-Set. |
| end() | Selektiert den letzten Node im Node-Set. |
| local-name() | Liefert den lokalen Teil des erweiterten Namens. |
| position() | Liefert den Index des aktuellen Node im Node-Set. |

Tabelle 5.10

### 5.3.3 Numerische Funktionen

Die numerischen Funktionen in XPath dienen der Wertkonvertierung in Zahlen.

| Operator | Beschreibung |
| --- | --- |
| number() | Konvertiert das Argument in einen numerischen Wert. |

Tabelle 5.11

Damit ein Type-Casting mit dem MSXML-Parser funktioniert, erwartet dieser ein XML-Data-Schema, in dem die Datentypen der Elemente beschrieben werden. Man kann dieses Verhalten mit einem Trick umgehen, den wir im Kapitel »Transformation mit XSL-Stylesheets« anwenden. Es erscheint nicht unbedingt sinnvoll, bei der Entwicklung zu XML-Schema noch auf das proprietäre XML-Data zu setzen.

Eine weitere Auseinandersetzung mit XPath beinhalten die Kapitel zum XML-DOM und zur Transformation mit XSL-Stylesheets. Wir werden dort XPath in einigen Beispielen anwenden.

# 6 Grundtechniken für die Erstellung der Web-Anwendung

*In diesem Kapitel wird auf die erforderlichen Grundtechniken zur Realisation von Web-Anwendungen eingegangen. Die Vor- und Nachteile der etablierten Konzepte für Web-Anwendungen werden gegenübergestellt.*

## 6.1 XML-Applikation versus herkömmliche Web-Anwendung

Was unterscheidet unsere XML-Applikation von herkömmlichen Web-Anwendungen, und worin liegen die Vorteile einer solchen Lösung? Im Vergleich dazu die üblichen Wege für die Umsetzung von Web-Anwendungen.

### 6.1.1 Statische Webseiten

Statische Webseiten sind mit entsprechenden HTML-Editoren einfach zu erstellen. Sie werden im professionellen Umfeld nur noch als Rahmen für dynamische Sites eingesetzt.

| Vorteile |
|---|
| Einfache Erstellung |
| Geringe Serverlast bei vielen Zugriffen |
| **Nachteile** |
| Aufwendig zu pflegen |
| Der Zugriff auf aktuelle Daten ist nicht möglich |
| Für mittlere und große Sites nicht praktikabel |
| Jede Aktualisierung der Site muß aufwendig im Quellcode der Seiten durchgeführt werden |
| Verknüpfung von Inhalt und Layout |

Tabelle 6.1  Vor- und Nachteile statischer Seiten

## 6.1.2 Datenbankgestützte Dynamische Webseiten

Datenbankgestützte Dynamische Webseiten werden in der Regel mit Scriptererweiterungen des WebServers realisiert. Als Scripts kommen Perl, JavaScript, VBScript und proprietäre Sprachen zum Einsatz.

| Vorteile |
|---|
| Einfachere Pflege der Inhalte |
| Strukturierte Verwaltung der Daten in Tabellen |
| Verwaltung von Meta-Informationen zu den Inhalten |
| **Nachteile** |
| stark Script-lastig |
| viel Code für die Aufbereitung der Datenbankdaten in HTML erforderlich |
| Anwendungen mit vielen und langen Scripts sind schlecht wartbar |
| Hohe Serverlast bei vielen Zugriffen |
| weitgehend statisches Seitenlayout |

**Tabelle 6.2** Vor- und Nachteile datenbankgestützer Seiten

## 6.1.3 Webseiten mit aktiven Client-Komponenten

Aktive Client-Komponenten werden als Applets oder ActiveX-Komponenten erstellt. Sie werden sowohl auf statischen wie auf dynamischen Seiten eingesetzt. Es kann zwischen zwei Arten von aktiven Komponenten unterschieden werden:

▶ Player, die als Abspielgeräte für Medienformate genutzt werden (z.B. Media Player, Flash, ...)

▶ Anwendungskomponenten, die Programmfunktionalität bereitstellen (z.B. Edit-Controls, Verschlüsselungs-Applets)

Player werden in der Regel als sicher angesehen und bedenkenlos eingesetzt. Bei Anwendungskomponenten sind Internet-Nutzer mit Recht vorsichtig und kritisch eingestellt.

| Vorteile |
|---|
| Kapselung des Codes für Anwendungssteuerung |
| Kapselung des Codes für die Darstellung |
| Gute Möglichkeiten zur Anwender-Interaktion |
| **Nachteile** |
| Massive Sicherheitsprobleme beim Einsatz von ActiveX-Komponenten |
| Mögliche Sicherheitsprobleme beim Einsatz von Applets |
| Hoher Entwicklungsaufwand |
| Abhängigkeit von der Laufzeitumgebung des lokalen Systems (DLLs, JDK-Version) |

**Tabelle 6.3** Vor- und Nachteile von Webseiten mit Anwendungskomponenten

### 6.1.4 Websites mit aktiven Server-Komponenten

Aktive Server-Komponenten werden als Servlets, ActiveX-Komponenten oder als externe Programme eingebunden. Eine besonderes hohe Integration mit dem WebServer kann durch Server-Erweiterungen realisiert werden, die das API (Application Programming Interface) des Servers nutzen. Die APIs von Webservern wie IIS, Fasttrack oder Apache sind für diesen Zweck vorgesehen.

### 6.1.5 Scripting

Scripts sind für die interaktive Gestaltung einer Web-Anwendung unerläßlich.

Man kann davon ausgehen, daß die große Mehrheit der Anwender die Ausführung von Scripts zuläßt. Die Scripts werden vom Browser ausgeführt. Das von Netscape eingeführte JavaScript ist auf den wesentlichen Browsern verfügbar.

Auf der Serverseite übernimmt Scripting die Aufgabe des »Glue Between«, des verbindenden Elements, das aktive Komponenten miteinander verknüpft.

## 6.1.6 Anforderung an Web-Anwendungen

Eine Web-Anwendung wird anderen Anforderungen unterworfen als eine Desktop-Anwendung.

- Die Anwendungen müssen mit einer geringen Bandbreite zur Übermittlung der Daten auskommen.
- Das lokale Speichern von Daten ist nicht möglich.
- Unterschiedliche Clientsysteme müssen bedient werden.
- Besondere Sicherheitsaspekte müssen berücksichtigt werden.
- Die lokale Verarbeitung von Daten ist nur eingeschränkt möglich

Als Web-Benutzerschnittstelle wird meist ein Web-Browser eingesetzt.

Zur Zeit sind überwiegend die Web-Browser von Microsoft und Netscape im Einsatz. Die HTML-Implementierung dieser Browser weicht voneinander ab, so daß Web-Anwendungen häufig verschiedene Seiten gleichen Inhalts vorhalten, die für den jeweiligen Browser-Typ optimiert sind.

Zunehmend wird das Internet auch von anderen Endgeräten genutzt, die in der Regel nicht über den Leistungsumfang eines PC-basierten Browsers verfügen. Dies können z.B. Informationsterminals, Verkaufsterminals oder mobile Endgeräte sein.

Gemeinsam gilt für alle Endgeräte:

- Nur wenige verschiedene Kontrollelemente sind verfügbar
- Die Benutzerführung ist auf ein Anwendungsfenster reduziert. In eingeschränktem Umfang können zusätzlich modale Dialogfenster eingesetzt werden.

## 6.1.7 Architektur einer Web-Anwendung

Web-Anwendungen werden in einer mehrschichtigen Architektur realisiert.

| |  |
|---|---|
| Die Benutzerschnittstelle dient der Darstellung der Daten und zur Verarbeitung der Benutzerereignisse. ||
| Als Transportschicht werden Internet-Techniken eingesetzt. ||
| Die Web-Anwendung dient als Kommunikationsplattform zwischen dem Web-Client und Datenbanken, sowie den Komponenten, die die Verarbeitungslogik beinhalten. ||
| Die Web-Anwendung wird auf dem Web-Server ausgeführt. ||
| Anwendungsbibliotheken stellen der Web-Anwendung Verarbeitungslogik zur Verfügung | Anwendungsbibliotheken stellen der Web-Anwendung Dienste für den Zugriff auf die Daten zur Verfügung |
| Datenbanken, Dateisysteme und Archive verwalten die Daten und weitere Ressourcen (Dokumente, Inhalte, Grafiken, ...) der Anwendung. ||

Tabelle 6.4

## 6.2 Lösung in XML

*Probleme bei heutigen Webanwendungen*

Alle genannten Ansätze (und ihre Mischformen) haben ein gemeinsames Problem:

**Eine Trennung zwischen Inhalt und Darstellung ist kaum möglich.**

Meist enthalten die einzelnen Seiten gleichzeitig Inhalt, Layoutanweisungen und sogar die Geschäftsregeln (Business Logic) der Anwendung. Insbesondere ASP-Anwendungen ufern schnell in sehr unübersichtliche Seiten aus und sind entsprechend aufwendig in der Wartung.

*Vorteile der Lösung in XML*

Unter anderem wurde XML zur Lösung dieser Probleme geschaffen.

Die Vorteile einer XML-Lösung sind:

- Darstellung durch Transformation von XML in HTML
- Datenaustausch durch Verteilung von XML-Dateien
- Bessere Strukturierung der Anwendung durch klare Trennung von Inhalt und Darstellung
- Zukunftssichererheit der Anwendung durch Einsatz eines offenen Standards
- Einfache Anpassung für unterschiedliche Endgeräte

*Konzept einer XML-Lösung*

Eine XML-basierte Anwendung fügt zwischen Datenzugriff und grafischer Aufbereitung der Daten eine weitere Schicht ein. Alle Daten werden zunächst in XML konvertiert, und dieses wird für die Anzeige in HTML umgewandelt. Dieser Zwischenschritt entkoppelt Daten und Darstellung.

Während bei bisherigen Anwendungen die »Verpackung« der Daten in HTML nur mit proprietären Ansätzen gelöst werden konnte, stehen jetzt öffentliche Standards für diese Aufgabe zur Verfügung.

Wo zuvor umfangreiche Scripts die Erzeugung der Seite übernahmen, werden jetzt XSL-Stylesheets eingesetzt.

Das Vorgehen bei einer XML-basierten Anwendung ist im allgemeinen wie folgt:

- Transformation der Daten in XML durch Werkzeuge der datentragenden Systemen, oder eigene Programme.
- Transformation der so gewonnenen XML-Dateien in verschiedene Ausgabeformen durch XSL-Stylesheets.

Auf diese beiden Kernbereiche von XML-Anwendungen wird in den beiden folgenden Kapiteln, »Erzeugen von XML aus Datenbanken« und »Transformation mit XSL-Stylesheets«, eingegangen.

# 7 Erzeugen von XML aus Datenbanken

*In diesem Kapitel stellen wir unterschiedliche Ansätze für die Generierung von XML aus Datenbanken vor. Wir zeigen, wie Abfrageinhalte und Ergebnismengen in XML-Dateien geschrieben werden und wie in einer Webanwendung mit dynamisch erzeugten XML-Fragmenten umgegangen wird.*

## 7.1 Übersicht über das Projekt xmlDbLayer

XML aus Datenbanken zu generieren ist eine Aufgabe, mit der wir in unseren XML-Anwendungen häufig konfrontiert werden. Es lieg also nahe, eine flexible und wiederverwertbare Komponente hierfür zu erstellen. Diese Komponente wird es uns ermöglichen, sowohl »ADO-XML« als auch ein für die Erstellung von Stylesheets handlicheres Format zu erzeugen.

Um die Schnittstelle möglichst unabhängig zu gestalten, wird unser Generator mit SQL-Statements gefüttert und gibt uns XML-Fragmente zurück. Die Fragmente können auf verschiedenene Arten zurückgegeben werden:

- als XML-String
- als XML-Datei
- als XML-Node-Objekt
- als XML-Document-Objekt

Damit sind wir für praktisch alle Anwendungsfälle gerüstet.

Für die Datenbankschnittstelle setzen wir ADO ein, das ab Version 2 Ergebnismengen auch im XML-Format speichern und laden kann. Genau dafür ist das Format, das wir in diesem Buch als »ADO-XML« bezeichnen, auch geeignet. Stylesheets können hiermit nur schwierig realisiert werden. Zudem können hierarchische Beziehungen nicht dargestellt werden. Unser Generator kann als Entwurfsvorlage für eigene XML-Generatoren eingesetzt werden, die weitere Features enthalten oder andere XML-Darstellungen oder Datenquellen bedienen.

## 7.2 Die Beispiel-Datenbank

**SQL-DDL-Scripts auf der CD**

Wir setzen bei unserem Beispiel eine **Access.mdb** ein. Die SQL-Scripte für die Generierung der Tabellen sind auf der Buch-CD enthalten, so daß das Beispiel auch auf einem SQL-Server nachvollzogen werden kann. In unserer Datenbank verwalten wir Dokumente. Es sind die Dokumente, die zu diesem Buch gehören. Wir haben die Dokumente nach Kategorien unterschieden, die wir in unserem Beispiel Dokumenttypen nennen. Dieses Modell ist auf andere Dokument- oder Datensammlungen einfach übertragbar und erweiterbar.

Die zentrale Tabelle unserer Datenbank ist **T_Documents**. Sie verwaltet einen Standardsatz beschreibender Attribute zu den Dokumenten. Hierzu gehören eine eindeutige **pkDocID**, die Primärschlüssel der Tabelle ist, Angaben zum Speicherort der Datei sowie zum Bearbeitungsstatus. In unserem Beispiel sollen Dokumente nach ihrer Erstellung für den Zugriff freigegeben werden. Die diesen Prozeß begleitenden Statusinformationen werden ebenfalls in dieser Tabelle verwaltet. Wir werden unterschiedliche Sichten für Editoren und für Leser zur Verfügung stellen, die sich am Status der Dokumente orientieren. So werden den Lesern nur freigegebene Dokumente angezeigt, oder es wird erkennbar, ob ein Dokument in der Bearbeitung ist.

**Mögliche Erweiterung: Dokumentspezifische Attribute können durch eine ergänzende Tabelle DocumentType_Att abgebildet werden, wobei DocumentType der Name des Dokumenttyps wäre.**

| Name | Typ | Größe |
|---|---|---|
| Name | Text | 50 |
| pkDocId | Long Integer | 4 |
| Path | Text | 50 |
| Comment | Text | 255 |
| ToBeDeployed | Yes/No | 1 |
| DocType | Long Integer | 4 |
| Category | Long Integer | 4 |
| Status | Long Integer | 4 |
| Used | Long Integer | 4 |
| Checked | Date/Time | 8 |
| CheckedBy | Text | 50 |

**Tabelle 7.1** Feldliste der Tabelle T_Document

In der Tabelle **T_Dependency** können wir Abhängigkeiten zwischen Dateien erfassen. Je nach Anwendungssituation können die Abhängigkeiten auch als Parent-Child-Beziehung interpretiert werden. In unserem Beispiel dienen uns die Abhängigkeiten für die Zuordnung von XML-Dateien und zugehörigen Stylesheets, aber Zuordnungen wie Buch-, Kapitel-, oder Dokument-Abschnitt sind denkbar.

Zusätzliche Daten werden in den vier Lookup-Tabellen verwaltet, die zu **T_Document** alle in 1:n- Beziehung stehen. Die Beziehungen und Felder werden hier grafisch dargestellt:

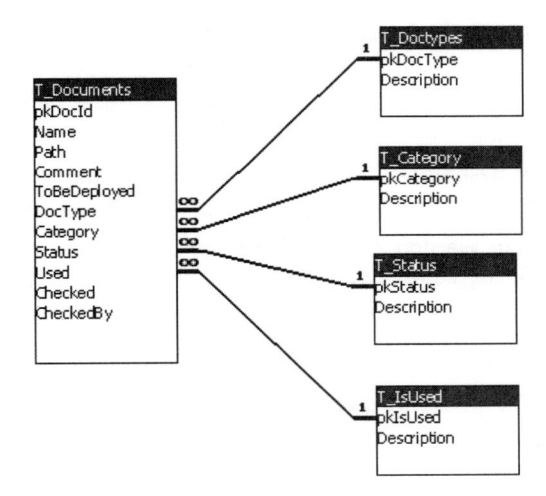

**Abbildung 7.1** Diagramm-Dokumente und Lookups

## 7.3 Datenzugriffsschicht

Der Zugriff auf die Daten wird in unserer Anwendung durch eine eigene Schicht (auch als **Layer** oder **Tier** bezeichnet) abgebildet.

### Anwendungsklassen

Wir werden uns verschiedene Abfragen erstellen, die Views auf unsere Daten darstellen. Die Abfragen werden in anwendungsspezifischen Klassen gebildet, die wir im folgenden als Anwendungsklassen bezeichnen. Sie modellieren die realen Objekte der Anwendung (in unserem Fall Dokumente). Die Anwendungsklassen enthalten unter anderem SQL-Statements und Methoden, die das Einfügen von Parametern in die Statements vereinfachen.

### Datenzugriffsklassen

**DbResultset** stellt die Schnittstelle zur Datenbank bereit und integriert diese mit unserem XML-Dienstleister, der Klasse **XMLDoc**. Die für die Datenquelle spezifischen Dinge werden durch die Anwendungsklasse gekapselt. Alle Anwendungsklassen nutzen **DbResultset**, um ihre Statements abzusetzen und XML zu generieren. Zur Erzeugung der Ergebnismenge rufen wir die Methode **FetchXMLDoc** auf.

Zusammen mit der Klasse DbLayer wird so die Datenbankschnittstelle gebildet. Diese ist für die Verwaltung der Datenbank-Verbindung zuständig.

Die Klasse **DbLayer** übernimmt die Erzeugung und Verwaltung der Verbindungen zur Datenquelle. Da wir uns hier auf ADO-Datenzugriff beschränken, genügen zum Aufbau einer Verbindung die Informationen:

Username
Password
DSN

Diese werden als Parameter an die **ADOLogin**-Methode übergeben, die versucht, eine Verbindung zur Datenquelle aufzubauen. War dies erfolgreich, wird ein Aufruf der Methode **CreateDbResult** zukünftig immer ein **DbResultset**-Objekt instanziieren und zurückgeben. Da hinreichend in anderen Quellen beschrieben, sparen wir uns hier den Abdruck des Logins und wenden uns direkt der Klasse **XMLDoc** zu. Wir kommen in deren Kontext auf die Klasse DbResultset zurück.

## 7.3.1 Die Klasse XMLDoc

In diese Klassen werden wir die Transformation einer **DbResultset**-Ergebnismenge in XML vornehmen. **XMLDoc** stellt dafür entsprechend den eingangs des Kapitels erwähnten XML-Formaten verschiedene Methoden zur Verfügung:

- GetXMLFragmentString
- GetXMLDocumentString
- GetXMLFragment
- GetXMLDocument

Darüber hinaus wird die Transformation durch eine Methode

ApplyStylesheet

unterstützt.

Über die Eigenschaft

ADOResultset

wird eine **XMLDoc**-Instanz mit einer ADO-Ergebnismenge initialisiert. Erst nach der Initialisierung sie die anderen Methode verfügbar. Die Initialisierung wird beim ersten Aufruf der Eigenschaft **XMLDoc** der Klasse **DbResult** geleistet. Zur Veranschaulichung eine typische Aufrufsequenz in VbScript:

```
'Erzeugen einer Instanz unserer Anwendung
Set myDbLayer = CreateObject("xmlDbLayer.DbLayer")
'Login an die Datenbank
myDbLayer.Login "","","xmlBook"
'Erstellen eines Resultset-Containers
Set myResultset = myDbLayer.CreateDbResultset()
'Ausführen einer Suche
Set myDoc=myResultset.FetchXMLDoc("Select * From T_Documents Where pkDocId<3")
'Schreiben des Ergebnisses in eine Datei
Set pFSO=CreateObject("Scripting.FileSystemObject")
Set pStream=pFSO.CreateTextFile("C:\Test.xml")
pStream.Write MyDoc.XMLDocumentString
pStream.CloseSet myResultset=Nothing
myDbLayer.Logout
Set myDbLayer=Nothing
```

## 7.4 Erstellen des Projekts xmlDbLayer

Wir legen jetzt das VB-Projekt **xmlDbLayer** an. Als Projekttyp wählen wir ActiveX DLL aus, damit wir auch diese Komponente problemlos auf dem Webserver einsetzen können. Dafür sind noch weitere Projekteinstellungen erforderlich, wie sie auf der folgenden Abbildung erkennbar sind:

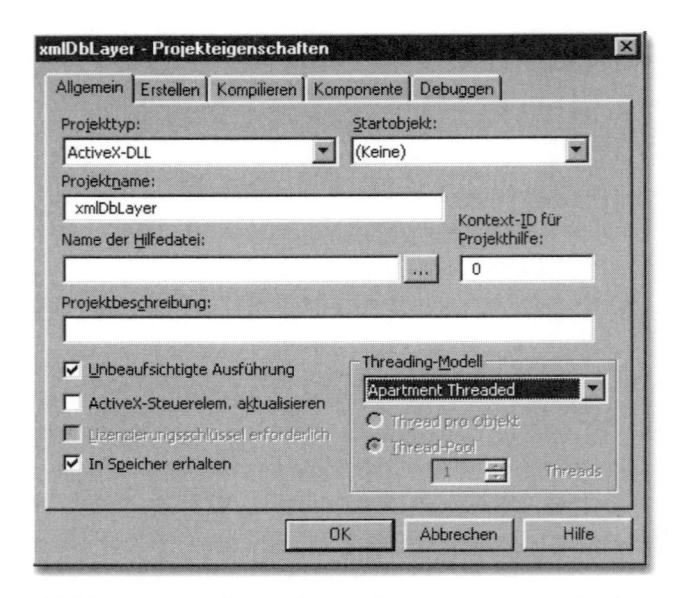

**Abbildung 7.2** Projekteinstellungen für eine ActiveX-DLL für den Einsatz mit dem IIS/PWS

Die Einstellungen

- Unbeaufsichtigte Ausführung
- Threading Model: Apartment Threaded

sind Voraussetzung für den Einsatz mit ASP.

Nun fügen wir über **Projekt/Verweise** eine Referenz auf ADO hinzu. Wir nutzen hier die ADO-Version 2.1 (auch mit späteren Versionen ist dieses Beispiel ohne Änderungen ausführbar). Im Projekt sind die Klassen der ADO-Bibliothek nun über **ADODB.Klassenname** einsetzbar.

## Implementierung der Klasse DbLayer

Wir erstellen jetzt die Klasse **DbLayer** und erstellen dort eine Instanzvariable für die Datenbankverbindung:

```
Private mConnection As ADODB.Connection
```

Die Methode **Login** initialisiert das **Connection**-Objekt:

```
Public Function Login(Username As String, Password As String, DSN As String) As Long
mConnection.ConnectionString = "DSN=" & DSN & ";UID=" & Username & ";PWD=" & Password & ";"
mConnection.Open
 .....
```

Die nächste Methode werden wir zur Erzeugung von DbResultsets einsetzen, sie erzeugt eine neue **DbResultset**-Instanz. Anschließend wird die Instanz mit einem Kommunikationskanal zur Datenbank in Form einer Connection versorgt. Die Hilfsvariable, die wir zur Erzeugung der Instanz genutzt haben, wird am Ende der Methode zerstört. Die zurückgegebene Referenz kann nun verwendet werden.

```
Public Function CreateDbResultset() As DbResultset
    Dim pDbResultSet As New DbResultset
    Set pDbResultSet.Connection = mConnection
      Set CreateDbResultset = pDbResultSet
    Set pDbResultSet = Nothing
End Function
```

Das letzte Mitglied der Klasse ist die **Logout**-Methode. Mit ihr können wir uns an der Datenbank abmelden und die Verbindung freigeben:

```
Public Sub Logout()
    mConnection.Close
End Sub
```

Die Objektreferenz auf den Verbindungskanal zerstören wir im **Terminate-Event** der Klasse:

```
Private Sub Class_Terminate()
    Set mConnection = Nothing
End Sub
```

## Implementierung von DbResultset

Nun wenden wir uns der Klasse **DbResultset** zu, die wir mit der **Instancing**-Eigenschaft erstellen. Eine Instanz kann nur durch den Aufruf von **Create DbResultset** erzeugt werden. In dieser Methode wird die **DbResultset**-Instanz mit einer Datenbankverbindung versorgt:

```
'Class DbResultset
Option Explicit
Private mConnection As ADODB.Connection
Friend Property Set Connection(NewConnection As ADODB.Connection)
    Set mConnection = NewConnection
End Property
```

Jetzt können wir innerhalb von **DbResultset** die Verbindung für die datenladenden Methoden benutzen. Wurden die Daten erfolgreich geladen, wird das Ergebnis in ein **XMLDoc**-Objekt verpackt und so zurückgegeben. Dafür setzen wir die Methode **FetchXMLDoc** ein, die als Eingangsparameter ein SQL-Statement erhält und ein **XMLDoc**-Objekt zurückgibt.

## Implementierung der Klasse xmlDoc

Die Klasse **xmlDoc** muß noch von uns implementiert werden. Sie wird die benötigten XML-Funktionalitäten und die Methoden zur Umwandlung der Ergebnismenge in XML beinhalten. Wir werden ein in der Klasse **DbResult** erzeugtes **Recordset** in einer eigenen Objektreferenz verwalten. Dafür verwenden wir die Modulvariable **mResultset**, die über die Property **ADOResultset** bedient wird.

```
'Class xmlDoc
Option Explicit
Private mResultset As ADODB.Recordset
Public Property Set ADOResultset(NewResultset As ADODB.Recordset)
    Set mResultset = NewResultset
End Property

Public Property Get ADOResultset() As ADODB.Recordset
    Set ADOResultset = mResultset
End Property
```

Neben den Objekten der Datenbank-Schnittstelle gilt es noch die XML-Objekte zu verwalten. Für diese Aufgaben fügen wir dem Projekt eine Referenz auf die **MSXML-DLL** hinzu. Nachdem wir dies erledigt haben, kehren wir zur Klasse xmlDoc zurück. Wir werden eine Objektreferenz auf das XML-Dokument in der **xmlDoc**-Klasse verwalten und ergänzen daher am Ende des Deklarationsteils der Klasse:

```
Private mDocument As MSXML.Document
Public Property Get XMLDocument() As MSXML.DOMDocument
    If mDocument Is Nothing Then
        Set mDocument = LoadXMLDocument(, "<?xml version='1.0'?>" & XMLFragmentString)
    End If
    Set XMLDocument = mDocument
End Property
```

Die Rümpfe der schon eingangs besprochenen Methoden, die wir für die Rückgabe von XML benötigen, werden eingefügt. In einem größeren Projekt kann es sinnvoll sein, eine eigene Klasse zu erstellen, die diese Methodenrümpfe enthält. Diese Klasse wird dann durch eine Implements-Anweisung als verbindliche Schnittstellenbeschreibung verwendet. So kann sichergestellt werden, daß alle XML-generierenden Objekte diese Methode bereitstellen.

Schnittstellen-Verbindlichkeit durch Implements-Anweisung

Die Methoden und Eigenschaften in der Reihenfolge, in der wir sie vorstellen:

| Name | Rückgabetyp | Beschreibung |
|---|---|---|
| Property Get XMLDocument() | MSXML.DOMDocument | Liefert Referenz auf ein DOM-Document |
| Function ApplyStylesheet(Stylesheet As Variant) | String | Wendet Stylesheet auf XML-Datei an und liefert Transformationsergebnis |
| Function LoadXMLDocument(Optional Filename As String = »«, Optional XMLStream As String = »«) | MSXML.DOMDocument | Lädt Dokument und liefert Referenz auf ein DOMDocument |

Tabelle 7.2

| Name | Rückgabetyp | Beschreibung |
| --- | --- | --- |
| Property XMLRaw() | String | Liefert den ungeparsten XML Stream des Dokuments |
| Public Property Get XMLFragmentString() | String | Liefert den XMLStream des Root-Elements |
| Public Property Get XMLDocumentString() | String | Liefert den XMLStream des Dokuments |
| Public Property Get XMLFragment() | MSXML.IXML-DOMNode | Liefert den XMLNode des Root-Elements |

**Tabelle 7.2**

Die Property **XMLDocument** haben wir oben bereits erläutert, wir fahren hier mit der Methode **ApplyStylesheet** fort.

**Die Methode ApplyStylesheet**

Der Name der Methode ist recht selbsterklärend, als Parameter werden wir einen Pfad zu einem XSL-Stylesheet unterstützen, alternativ dazu die Übergabe eines XSL-Document-Objekts. So müssen wir ein häufig benutztes Stylesheet nicht immer wieder neu laden und durch den Parser schicken, sondern können es als Objekt im Arbeitsspeicher vorhalten. Der Rückgabewert ist das Ergebnis der Transformation, die das Stylesheet aus dem **XMLDocument** generiert. Hierfür verwenden wir die **transformNode**-Methode des Nodes, die immer ein XML-Document-Objekt erwartet. Sollte das Stylesheet nicht als Dokument übergeben worden sein, erstellen wir ein Dokument und laden den **XMLStream** hinein.

```
Public Function ApplyStylesheet(Stylesheet As Variant) As String
Dim pStylesheet As MSXML.IXMLDOMNode
    If VarType(Stylesheet) = vbString Then
        Set pStylesheet = LoadXMLDocument(CStr(pStylesheet))
        Else
        Set pStylesheet = Stylesheet
    End If
    ApplyStylesheet = mDocument.transformNode(pStylesheet)
    Set pStylesheet = Nothing
End Function
```

## Die Methode LoadXMLDocument

In der **ApplyStyleSheet**-Methode benutzen wir die Methode **LoadXML-Document**. In ihr kapseln wir das Erzeugen eines XML-Dokuments aus einem XML-Text oder XML-Datei. Im weiteren Verlauf der Anwendung werden wir XML als Text erzeugen und können uns dann mit dieser Methode das Dokument verschaffen, wie wir es für die Transformation benötigen. Für die Erzeugung des XML aus dem ADO-Recordset selbst verwenden wir eine private Eigenschaft der xmlDoc-Klasse, die wir im nächsten Abschnitt einführen.

```
Private Function LoadXMLDocument(Optional Filename As String = "",
Optional XMLStream As String = "") As MSXML.DOMDocument
    Dim pDocument As MSXML.DOMDocument
    Set pDocument = New MSXML.DOMDocument
    If Filename <> "" Then
        pDocument.Load Filename
        Else
        pDocument.loadXML XMLStream
    End If
    Set LoadXMLDocument = pDocument
    Set pDocument = Nothing
End Function
```

## Die Property XMLRaw

Die eigentliche Aufgabe der Klasse **xmlDoc** ist die Umwandlung der Ergebnismenge aus der Datenquelle in ein einfach zu verarbeitendes XML-Format. Wir werden das XML hier nicht auf dem **XMLDom** erzeugen, sondern als Text erstellen. Dieses Vorgehen ist ressourcenschonender und performanter. Dies ist bei unserem Beispiel zwar nicht relevant, beim Export in XML als Transferformat und allgemein bei hochlastigen Anwendungssituationen aber eine sinnvolle Alternative.

```
Private Property Get XMLRaw() As String
    Dim pFields As ADODB.Fields
    Dim pField As ADODB.Field
    Dim pXML As String
```

Zunächst deklarieren wir die erforderlichen Variablen, dazu benötigen wir zwei ADO-Objekte: die Fields-Collection und das Field-Objekt, aus dem wir die Attribute des Datenfeldes lesen können. Wir positionieren beim Aufruf immer auf den ersten Datensatz, da wir sonst nicht sicher sein können, auch alle Daten in der dann folgenden Schleife zu erfassen.

```
If Not mResultset.BOF Then mResultset.MoveFirst
```

Nun folgt die Schleife, in der wir XML generieren. Dabei müssen wir berücksichtigen, daß sowohl Benamungen wie Werte in XML Beschränkungen unterliegen. Bei den Feldnamen aus der Datenbank ist dies relativ unkritisch, was den Einsatz in Attribut- oder Nodewerten betrifft. Da wir davon ausgehen, daß Feldnamen in der Datenbank keine in XML ungültigen Zeichen enthalten, werden wir diese in ein Attribut **name** jedes Datensatz-Nodes schreiben:

```
<field name=" & Chr(34) & pField.Name & Chr(34)/>
```

ergibt in der Ausgabe

```
<field name="pkDocId"/>
```

Nun setzen wir uns mit den Feldwerten auseinander, die wir von der Datenbank zu erwarten haben. Hier können wir, abhängig von den Daten, verschiedene Wege gehen:

Unter der Annahme, es sei sichergestellt, daß keine ungültigen Zeichen in den Werten vorkommen können, können wir alle Werte in Attribute schreiben. Dies ergibt eine kompakte Darstellung, da nur »leere« Tags erstellt werden:

```
<field name="pkDocId" value="38794876"/>
```

oder mit dem Feldnamen als Node-Namen:

```
<pkDocId value="38794876"/>
```

Dies ergibt die kürzeste mögliche Schreibweise. Als Node-Namen werden wir die Feldnamen hier jedoch nicht verwenden, da dies die Erstellung von Stylesheets unnötig erschwert.

Wenn wir nicht ausschließen können, daß in den Feldwerten Zeichen enthalten sind, die in Node-Werten oder Attributwerten nicht verwendet werden dürfen, müssen wir anders vorgehen. Die sicherste Art, Werte zu notieren, ist innerhalb von CDATA-Nodes. In Sonderfällen kann es auch dort zu Problemen kommen, nämlich dann, wenn CDATA-Zeichenfolgen in den Werten enthalten sind, wie zum Beispiel zwei schließende eckige Klammern ]]. Solche Sonderfälle treten bei binären Daten, mathematischen Formeln und Dokumenten über XML auf. Hier hilft nur das Encodieren der Daten. Hier erwarten wir diese Daten nicht und geben uns mit der Sicherheit der CDATA-Tags zufrieden:

```
<field name="pkDocId"><![CDATA[38794876]]></field>
```

Dies erfordert jedoch weitaus mehr Zeichen und veranlaßt uns daher zu einer differenzierten Vorgehensweise. Bei den von ADO unterstützten Datentypen, die keine unerlaubten Zeichen zulassen, werden wir daher die CDATA-Tags weglassen und die Werte direkt in den Node schreiben:

```
<field name="pkDocId">38794876</field>
```

Die Datentypen, die wir sicherheitshalber verpacken wollen, erkennen wir an den Konstanten der **ADODB.DataTypeEnum**. Es sind:

- adWChar (130)
- adVarChar (200)
- adLongVarChar (201)
- adVarWChar (202)
- adLongVarBinary (205)

Wir setzen dies in einer **Select-Case**-Struktur in der Schleife um, mit der wir durch die Ergebnismenge laufen:

```
Do Until mResultset.EOF
   'Hier beginnt ein Datensatz
   pXML = pXML & "<dataset>" & vbCrLf
   Set pFields = mResultset.Field
   'Durchlaufen der Felder
   For Each pField In pFields
      pXML = pXML & "<field name=" & Chr(34) & pField.Name & Chr(34) & ">"
         'Fallunterschiedung nach Datentyp
         Select Case pField.Type
              'adWChar 130
              'adVarChar 200
              'adLongVarChar 201
              'adVarWChar 202
```

```
            'adLongVarBinary 205
            'die kritischen Felder
            Case 130, 200, 201, 202, 205
                pXML = pXML & "<![CDATA[" & pField.Value & "]]>"
        Case Else 'unbedenkliche Felder
                pXML = pXML & pField.Value
        End Select
        pXML = pXML & "</field>" & vbCrLf
    Next
    pXML = pXML & "</dataset>" & vbCrLf
    mResultset.MoveNext
    Loop
```

### Die Property XMLFragmentString

Wenn wir keine vollständige XML-Datei erzeugen wollen, sondern nur die Ergebnismenge in XML codiert erhalten wollen, benutzen wir die Methode **XMLFragmentString**. Ihr Ergebnis ist nicht für die direkte Darstellung im Browser geeignet, da z.B. Angaben zum Encoding des Dokuments fehlen. Erst die im folgenden Abschnitt beschriebene Methode **XMLDocumentString** erweitert einen **XMLFragmentString** um die erforderlichen Angaben. **XMLFragmentString** gibt zunächst einmal nur den Wert der privaten Eigenschaft **XMLRaw** zurück:

```
Public Property Get XMLFragmentString() As String
    XMLFragmentString = XMLRaw()
End Property
```

### Die Property XMLDocumentString

**XMLDocumentString** gibt im Gegensatz zu **XMLFragmentString** ein vollständiges XML-Dokument zurück. Es ist für die Anzeige im Browser oder für das Speichern als Datei geeignet.

```
Public Property Get XMLDocumentString() As String
    XMLDocumentString = "<?xml version='1.0' encoding='ISO-8859-1'?>" & vbCrLf & XMLRaw
End Property
```

**Die Property XMLFragment**

Die zu **XMLFragmentString** korrespondierende Eigenschaft **XMLFragment** gibt als Ergebnis ein **XMLDocument**-Objekt zurück, das die Wurzel der Ergebnismenge darstellt.

```
Public Property Get XMLFragment() As MSXML.DOMDocument
Set XMLFragment = LoadXMLDocument(, XMLFragmentString)
End Property
```

### 7.4.1 Erster Test der Bibliothek

Nachdem wir nun die wichtigsten Elemente kennengelernt haben, ist es Zeit für einen kleinen Test des Moduls. Hierfür kompilieren Sie das Projekt. Wir werden den Test mit einer Scriptdatei und dem Windows Scripting Host durchführen.

Wir nutzen für den Test unsere **FetchXMLDoc**-Methode der **DBResultset**-Klasse, der wir ein vollständiges SQL-Statement übergeben. Der Script-Code kann praktisch unverändert in einer ASP-Seite eingesetzt werden, dabei wird lediglich der **CreateObject**-Aufruf durch **Server.CreateObject** ersetzt. Dabei fällt auf, daß nur ein Objekt mit **CreateObject** erzeugt wird, nämlich die Hauptklasse der Komponente: **DbLayer**. Alle weiteren Objekte können aus **DBLayer** erstellt werden. Neben der besseren Übersicht hat dies auch klare Performance-Vorteile. Da wir im Script nur die späte Bindung an eine ActiveX-Komponente einsetzen können, muß jedes Objekt mit **CreateObject** erzeugt werden, was einen unnötigen Aufwand für das Dispatchen der Schnittstelle bei jedem Aufruf produziert. Wir erstellen dagegen alle Objekte innerhalb der Komponente, wo wir die performantere frühe Bindung einsetzen können. Wir benötigen daher nur das Top-Level-Objekt DbLayer:

```
Set myDbLayer = CreateObject("xmlDbLayer.DbLayer")
```

Anschließend führen wir das Login an die Datenbank durch, hier ohne Benutzername und Paßwort:

```
myDbLayer.Login "","","xmlBook"
```

Für das Absetzen einer Abfrage erstellen wir einen **Resultset**-Container mit der **Factory**-Funktion:

```
Set myResultset = myDbLayer.CreateDbResultset()
```

Nun können wir eine Suche ausführen:

```
Set myDoc=myResultset.FetchXMLDoc("Select * From T_Documents Where pkDocId<3")
```

Rückgabe der Werte

```
MsgBox myDoc.XMLFragmentString
MsgBox myDoc.XMLDocumentString
MsgBox myDoc.XMLFragment.xml
MsgBox myDoc.XMLDocument.xml
```

Zerstören der Referenzen

```
Set myDoc=Nothing
Set myResultset=Nothing
myDbLayer.Logout
Set myDbLayer=Nothing
```

### 7.4.2 Die Klasse Documents

Den Ideen objektorientierter Softwareentwicklung folgend, werden wir die Dokumente als Anwendungsobjekt **Documents** implementieren. **Documents** wird **DbResultset** und die nachgeordneten Schnittstellen nutzen, um XML zu erzeugen. Die größte Leistung von Documents besteht dabei in der Erzeugung der SQL-Statements. Die häufig benötigten Aufrufe an die Datenquelle werden durch Methoden gekapselt, denen die jeweiligen Selektionsparameter übergeben werden können. Wir werden dies hier am Beispiel der Dokumentsicht implementieren.

Zur Erzeugung einer Ergebnismenge benötigen wir immer eine **DbResultSet**-Instanz. Dafür deklarieren wir eine Referenzvariable **mDbResultSet** auf Modulebene und fügen eine Friend-Eigenschaft **DbResultSet** ein.

```
Private mDbResultset As DbResultSet
Friend Property Set DbResultSet(NewDbResultset As DbResultSet)
    Set mDbResultset = NewDbResultset
End Property
```

Eine Documents-Instanz kann genauso wie eine **DBResultset** nicht von außerhalb der **xmlDbLayer**-Komponenten erstellt werden. Zur Erzeugung für den Nutzer unserer Komponente werden »Factory«-Funktionen eingesetzt, die in der **DbLayer**-Klasse notiert sind. Sie initialiseren die angeforderten Objekte mit den erforderlichen internen Referenzen. Aus diesem Grund ist die Property **DbResultSet** auch als Friend Property ausgeführt. Dadurch ist die Property nur innerhalb der Komponente sichtbar. Ein DbResultset wird durch die Methode **CreateDbResultset** der Klasse DbLayer erzeugt.

**Dokumentsicht**

Die Implementierung der Dokumentsicht zeigt uns exemplarisch, wie in einer Anwendungsklasse die Abfragedefinition erstellt wird und die Definition zur Erzeugung der XML-Objekte genutzt wird. Die Erzeugung der Statements kann in unserem Beispiel-Fall unmittelbar in der Anwendungsklasse geschehen, da wir nur ein Datenbankformat unterstützen müssen. Sollten mehrere Formate unterstützt werden, gehört jeglicher direkt datenzugreifender Code aus der Anwendungsklasse entfernt und in einer eigenen Schicht isoliert. Hier arbeiten wir direkt mit einem SQL-Dialekt, wie er von Access oder dem Microsoft SQL-Server verstanden wird.

Eine SQL-Abfrage ist in der Regel in drei Teile gegliedert:

▶ Beschreibung der Quelltabellen und Felder sowie deren Verknüpfung
▶ Optionale Beschreibung der anzuwendenden Selektionsausdrücke (Filter)
▶ Optionale Beschreibung der Sortierkriterien

Für die Dokumentsicht sind die Quelltabellen und Felder wie folgt beschrieben:

```
SELECT T_Documents.pkDocId, T_Documents.Name, T_Documents.Category,
T_Category.Description, T_Doctypes.Description, T_Documents.Path, T_
Documents.Comment, T_Documents.DocType, T_Documents.Status
FROM T_Category INNER JOIN (T_Doctypes INNER JOIN T_Documents ON T_
Doctypes.pkDocType = T_Documents.DocType) ON T_Category.pkCategory =
T_Documents.Category
```

Sollen alle Dokumente angezeigt werden, werden lediglich noch die Sortierkriterien angefügt:

```
ORDER BY T_Documents.Name
```

Aus den folgenden Parametern wird der Suchausdruck gebildet: **pkDocId**

Name
Category
DocType
Status

Die Sortierreihenfolge kann mit einem Parameter

OrderClause

überschrieben werden.

Dies führt in der Anwendung zu einem parameterreichen Methodenaufruf, den wir wie folgt implementieren:

```
Fetch( _
Optional pkDocId as String="", _
Optional Name as String="", _
Optional Category as String="", _
Optional DocType as String="", _
Optional Status as String="5", _
Optional OrderClause as String=" ORDER BY T_Documents.Name"
) as XMLDoc
```

Die Methode wird bei einem Aufruf

Fetch("16")

das Statement

```
SELECT T_Documents.pkDocId, T_Documents.Name, T_Documents.Category,
T_Category.Description, T_Doctypes.Description, T_Documents.Path, T_
Documents.Comment, T_Documents.DocType, T_Documents.Status
FROM T_Category INNER JOIN (T_Doctypes INNER JOIN T_Documents ON T_
Doctypes.pkDocType = T_Documents.DocType) ON T_Category.pkCategory =
T_Documents.Category
WHERE T_Documents.pkDocId=16 AND T_Documents.Status=5
ORDER BY T_Documents.Name
```

erzeugen.

Nachdem das Basis SQL-Statement nun verfügbar ist, müssen als nächstes die Abfrageparameter eingefügt werden. Wir prüfen hierfür jeden Parameter und verknüpfen die Parameter zu einem Suchausdruck.

```
'Erstellen der WHERE Klausel
        If Not Name = "" Then pWhere = "T_Documents.Name =" &
Chr(34) & Name & Chr(34)
        If Not Category = "" Then
          If pWhere <> "" Then pWhere = pWhere & " AND "
            pWhere = pWhere & "T_Documents.Category =" & Category &
" "
        End If
        If Not DocType = "" Then
….
```

Nachdem alle Parameter so bearbeitet wurden, erzeugen wir den Abfrageausdruck:

```
        'Erstellung des Statements
        pSQL = pSQL & RTrim(pWhere & " " & Order)
```

Nun werden wir eine **DbResultSet**-Instanz erstellen und mit dem Recordset initialisieren. Dafür deklarieren wir eine Referenzvariable **mDbResultSet** auf Modulebene und fügen eine Friend-Eigenschaft **DbResultSet** ein.

```
Private mDbResultset As DbResultSet
Friend Property Set DbResultSet(NewDbResultset As DbResultSet)
    Set mDbResultset = NewDbResultset
End Property
```

Ein Dokument-Objekt wird über die DBLayer-Klasse durch den Aufruf von **CreateDocuments** erzeugt.

Eine Suche können wir nun mit wesentlich weniger Code-Aufwand durchführen, vor allem aber haben wir die SQL-Schicht aus der Anwendungsschnittstelle so verbannt:

```
Set myDocs = myDbLayer.CreateDocuments()
Set myDoc=myDocs.Fetch("3")
```

liefert jetzt das gleiche Ergebnis wie

```
Set myResultset = myDbLayer.CreateDbResultset()
```

```
Set myDoc=myResultset.FetchXMLDoc("Select * From T_Documents Where pkDocId=3")
```

Wir werden diese Schnittstelle hier nicht weiter ausführen, sondern damit nur eine weitere Anregung dafür liefern, wie eine XML-generierende Schicht gekapselt werden kann.

## 7.5 ADO-XML

Wir haben eingangs erwähnt, daß unsere Komponente sowohl ein benutzerdefiniertes XML-Format als auch ADO-XML zurückliefern kann. Wir implementieren dies durch die Eigenschaft **ADOXML** der Klasse **xmlDoc**. Zu diesem Zweck speichern wir den Inhalt unseres ADO-Resultsets in eine Datei und liefern den Text der Datei zurück:

```
Public Property Get ADOXML() As String
    Dim pFSO As New Scripting.FileSystemObject
    Dim pStream As Scripting.TextStream
    Dim pXml As String
    Dim pRec As New ADODB.Recordset
    pFSO.DeleteFile "C:\adotemp.xml"
    mResultset.Save "C:\adotemp.xml", adPersistXML
    Set pStream = pFSO.OpenTextFile("C:\adotemp.xml")
    pXml = pStream.ReadAll
    Set pStream = Nothing
    Set pFSO = Nothing
    ADOXML = pXml
End Property
```

Das Vorgehen ist recht einfach, da man sich hierfür ausschließlich zur Verfügung stehender Basiskomponenten bedienen muß:

▶ ADO

▶ Microsoft Scripting Runtime

Interessanter als die Erzeugung ist der Vergleich des generierten XMLs mit dem unserer selbstdefinierten Variante. Wir sehen dabei, daß unser Format deutlich kompakter ist. Dies liegt darin begründet, daß ADO-XML eine große Menge beschreibender Daten zurückliefert. Beschrieben wird sowohl die Struktur des Abfrageergebnisses, als auch erweiterte Daten zu den einzelnen Datenfeldern, die aber für viele Verarbeitungszwecke nicht benötigt werden oder zumindest nicht bei jedem Datenzugriff geladen werden müssen. Vorteil der ADO-XML-Lösung ist die Möglichkeit, XML auch in das Resultset zu laden, sofern das XML das ADO-XML-Format hat.

ADO-XML ist in die Bereiche Schema und Daten gegliedert. Der Schema-Bereich liefert Meta-Daten über die Ergebnismenge im XML-Data-Format. Da lediglich Microsoft diese Spezifikation unterstützt, ist es von eher zweifelhaftem Sinn, sich damit auseinanderzusetzen. Aber auch dies muß jeder selbst entscheiden.

Der Datenbereich liefert, in Reihen gegliedert, die Rückgabedaten.

Nach dem Vergleich mag jeder selbst entscheiden, ob er ADO-XML nutzen möchte oder nicht. Eine Entscheidungshilfe hierfür ist der Versuch, ein Stylesheet für die Anzeige der Daten zu erstellen.

| ADO-XML<br>Anzahl Zeichen: 3016 | Selbstdefiniertes XML-Format<br>Anzahl Zeichen: 1008 |
|---|---|
| `<xml xmlns:s='uuid:BDC6E3F0-6DA3-11d1-A2A3-00AA00C14882'`<br>`  xmlns:dt='uuid:C2F41010-65B3-11d1-A29F-00AA00C14882'`<br>`  xmlns:rs='urn:schemas-microsoft-com:rowset'`<br>`  xmlns:z='#RowsetSchema'>`<br>`<s:Schema id='RowsetSchema'>`<br>`  <s:ElementType name='row' content='eltOnly'>`<br>`    <s:attribute type='pkDocId'/>`<br>`    <s:attribute type='Name'/>`<br>`    <s:attribute type='Path'/>`<br>`    <s:attribute type='Comment'/>`<br>`    <s:attribute type='ToBeDeployed'/>`<br>`    <s:attribute type='DocType'/>`<br>`    <s:attribute type='Category'/>`<br>`    <s:attribute type='Status'/>`<br>`    <s:attribute type='Used'/>`<br>`    <s:attribute type='Checked'/>`<br>`    <s:attribute type='CheckedBy'/>`<br>`    <s:extends type='rs:rowbase'/>`<br>`  </s:ElementType>`<br>`  <s:AttributeType name='pkDocId' rs:number='1'>`<br>`    <s:datatype dt:type='int' dt:maxLength='4' rs:precision='10' rs:fixedlength='true' rs:maybenull='false'/>`<br>`  </s:AttributeType>`<br>`  <s:AttributeType name='Name' rs:number='2' rs:nullable='true' rs:write='true'>` | `<?xml version='1.0' encoding='ISO-8859-1'?>`<br>`<datasets>`<br>`<dataset>`<br>`<field name="pkDocId">1</field>`<br>`<field name="Name"><![CDATA[aspExamples.asp]]></field>`<br>`<field name="Path"><![CDATA[CD\Samples\Asp\Admin]]></field>`<br>`<field name="Comment"><![CDATA[Shows Asp Examples]]></field>`<br>`<field name="ToBeDeployed">True</field>`<br>`<field name="DocType">5</field>`<br>`<field name="Category">1</field>`<br>`<field name="Status">2</field>`<br>`<field name="Used">1</field>`<br>`<field name="Checked">15.01.2000</field>`<br>`<field name="CheckedBy"><![CDATA[Elmar]]></field>`<br>`</dataset>`<br>`<dataset>`<br>`<field name="pkDocId">2</field>`<br>`<field name="Name"><![CDATA[blank.asp]]></field>`<br>`<field name="Path"><![CDATA[CD\Samples\Asp\Admin]]></field>`<br>`<field name="Comment"><![CDATA[Liefert leere HTML Seite]]></field>`<br>`<field name="ToBeDeployed">True</field>`<br>`<field name="DocType">5</field>`<br>`<field name="Category">1</field>`<br>`<field name="Status">3</field>` |

Tabelle 7.3

| ADO-XML | Selbstdefiniertes XML-Format |
| --- | --- |
| Anzahl Zeichen: 3016 | Anzahl Zeichen: 1008 |
| ```xml
    <s:datatype dt:type='string'
dt:maxLength='50'/>
  </s:AttributeType>
  <s:AttributeType name='Path'
rs:number='3' rs:nullable='true'
rs:write='true'>
    <s:datatype dt:type='string'
dt:maxLength='50'/>
  </s:AttributeType>
  <s:AttributeType name='Comment'
rs:number='4' rs:nullable='true'
rs:write='true'>
    <s:datatype dt:type='string'
dt:maxLength='255'/>
  </s:AttributeType>
  <s:AttributeType name='ToBeDeployed'
rs:number='5' rs:write='true'>
    <s:datatype dt:type='boolean'
dt:maxLength='2' rs:fixedlength='true'
rs:maybenull='false'/>
  </s:AttributeType>
  <s:AttributeType name='DocType'
rs:number='6' rs:nullable='true'
rs:write='true'>
    <s:datatype dt:type='int'
dt:maxLength='4' rs:precision='10'
rs:fixedlength='true'/>
  </s:AttributeType>
  <s:AttributeType name='Category'
rs:number='7' rs:nullable='true'
rs:write='true'>
    <s:datatype dt:type='int'
dt:maxLength='4' rs:precision='10'
rs:fixedlength='true'/>
  </s:AttributeType>
``` | ```xml
<field name="Used">1</field>
<field name="Checked">15.01.2000</field>
<field name="CheckedBy"><![CDATA[Elmar]]></field>
</dataset>
</datasets>
``` |

| ADO-XML<br>Anzahl Zeichen: 3016 | Selbstdefiniertes XML-Format<br>Anzahl Zeichen: 1008 |
|---|---|
| `<s:AttributeType name='Status' rs:number='8' rs:nullable='true' rs:write='true'>`<br>　`<s:datatype dt:type='int' dt:maxLength='4' rs:precision='10' rs:fixedlength='true'/>`<br>　`</s:AttributeType>`<br>　`<s:AttributeType name='Used' rs:number='9' rs:nullable='true' rs:write='true'>`<br>　　`<s:datatype dt:type='int' dt:maxLength='4' rs:precision='10' rs:fixedlength='true'/>`<br>　`</s:AttributeType>`<br>　`<s:AttributeType name='Checked' rs:number='10' rs:nullable='true' rs:write='true'>`<br>　　`<s:datatype dt:type='dateTime' dt:maxLength='16' rs:scale='0' rs:precision='19' rs:fixedlength='true'/>`<br>　`</s:AttributeType>`<br>　`<s:AttributeType name='CheckedBy' rs:number='11' rs:nullable='true' rs:write='true'>`<br>　　`<s:datatype dt:type='string' dt:maxLength='50'/>`<br>　`</s:AttributeType>`<br>`</s:Schema>`<br>`<rs:data>`<br>　`<z:row pkDocId='1' Name='aspExamples.asp' Path='CD\Samples\Asp\Admin'` | |

Tabelle 7.3

| ADO-XML<br>Anzahl Zeichen: 3016 | Selbstdefiniertes XML-Format<br>Anzahl Zeichen: 1008 |
|---|---|
| `      Comment='Shows Asp Examples' ToBeDeployed='True' DocType='5' Category='1' Status='2' Used='1' Checked='2000-01-15T00:00:00'`<br>`      CheckedBy='Elmar'/>`<br>`  <z:row pkDocId='2' Name='blank.asp' Path='CD\Samples\Asp\Admin' Comment='Liefert leere HTML Seite' ToBeDeployed='True'`<br>`      DocType='5' Category='1' Status='3' Used='1' Checked='2000-01-15T00:00:00' CheckedBy='Elmar'/>`<br>`</rs:data>`<br>`</xml>` | |

Tabelle 7.3

## 7.5.1 Stylesheets für benutzerdefiniertes Format und für ADO-XML

Wir werden nun für jedes Datenformat, benutzerdefiniert oder ADO-XML, ein XSL-Stylesheet für die Ausgabe der Dateien erstellen.

Der Kopfbereich des Stylesheets ist für beide Varianten gleich:

```
<?xml version="1.0" encoding="ISO-8859-1"?>
<html xmlns:xsl="http://www.w3.org/TR/WD-xsl">
```

Das Wurzelelement ist bei der Ausgabe einer HTML-Datei natürlich HTML, zuvor setzen wir das für Westeuropa sinnvolle Encoding auf den Zeichensatz Latin-1.

Es folgen die gestalterischen Anweisungen für die Tabelle und die Spaltenbeschriftungen.

```
<body STYLE="font-family:Arial, helvetica, sans-serif; font-size:12pt; background-color:#FFFFFF">
<table border="1" style="table-layout:fixed width=600">
<col width="200"></col>
<tr bgcolor="#0000F8">
   <th><font color="#FFFFFF">Name</font></th>
   <th><font color="#FFFFFF">Path</font></th>
   <th><font color="#FFFFFF">Comment</font></th>
</tr>
```

Die Tabelle wird durch eine einfache **For-each**-Schleife erzeugt. Da unser benutzerdefiniertes Format Textfelder in **CDATA** verpackt, lesen wir hier mit einer Kombination aus Pfadausdruck und **cdata()**-Methode.

```
<xsl:for-each select="datasets/dataset">
<tr bgcolor="#FFFFFF">
   <td><font color="#0000F8"><xsl:value-of select="field[@name='Name']/cdata()"/></font></td>
   <td><font color="#0000F8"><xsl:value-of select="field[@name='Path']/cdata()"/></font></td>
   <td><font color="#0000F8"><xsl:value-of select="field[@name='Comment']/cdata()"/></font></td>
</tr>
</xsl:for-each>
```

An dieser Stelle unterscheiden sich die Stylesheets, das für ADO-XML ist wie folgt:

```
<xsl:for-each select="xml/rs:data/z:row">
  <tr bgcolor="FFFFFF">
    <td><font color="#0000F8"><xsl:value-of select="@Name"/></font></td>
    <td><font color="#0000F8"><xsl:value-of select="@Path"/></font></td>
    <td><font color="#0000F8"><xsl:value-of select="@Comment"/></font></td>
  </tr>
</xsl:for-each>
```

Die Unterscheidungen sind einerseits im Pfadausdruck, andererseits im Lesen der Werte. ADO-XML schreibt die Feldwerte in Attribute, unser Format dagegen in CDATA. Hier stellt sich die Frage, wie ADO-XML mit den unerlaubten Zeichen in den Feldwerten umgeht. Um es gleich zu verraten, es verhält sich erwartungsgemäß und encodiert alle gefährlichen Zeichen. Ist im Datenfeld z.B. ein Anführungszeichen enthalten, gibt ADO-XML die Referenz ‚&#x22;' zurück. Ein WebBrowser hat damit keine Probleme, da ihm die Entity-Referenz bekannt ist, er wird daher an dieser Stelle ein Anführungszeichen anzeigen. Wird ADO-XML für den Datenaustausch eingesetzt, muß allerdings darauf geachtet werden, daß encodierte Zeichen auch wieder decodiert werden müssen.

**Um die Ergebnismenge kleiner zu halten, werden im Datenbereich einer ADO-XML-Datei nur Felder berücksichtigt, die auch Werte enthalten**

Wir haben in diesem Kapitel gesehen, daß wir Stylesheets sowohl für ADO als auch für unser Format problemlos erstellen können. Es bleibt jedoch noch eine Eigenheit des ADO-XML zu berichten, die in der Entwicklung besonders lästig ist: Um die Ergebnismenge kleiner zu halten, werden im Datenbereich einer ADO-XML-Datei nur Felder berücksichtigt, die auch Werte enthalten. Leere Felder und solche, die mit dem Wert NULL gefüllt sind, werden von ADO-XML ignoriert. Da es jedoch bisher keinen praktikablen Weg gibt, um festzustellen, welche Attribute ein Element enthält, erschwert dieser Umstand z.B. die Abbildung dynamischer Tabellen. In unserem Format können wir Tabellen nach dem folgenden einfachen Muster erstellen:

▶ Für jeden Datensatz erzeuge eine Zeile.
▶ Für jedes Feld erzeuge eine Spalte.

In XSL sieht das so aus:

```
<xsl:for-each select="datasets/dataset">
<tr bgcolor="#FFFFFF">
   <xsl:for-each select="field">
   <td><font color="#0000F8"><xsl:value-of select="text()"/></font></td>
   </xsl:for-each>
</tr>
</xsl:for-each>
```

Hier müssen wir lediglich noch die Spaltennamen ermitteln und diese in die Ergebnismenge mit einschließen. Dadurch haben wir unabhängig von den Daten ein allgemeines Stylesheet zur Anzeige von Tabellen. Wir erweitern daher das Stylesheet:

```
<xsl:for-each select="datasets/dataset[0]">
   <tr bgcolor="#FFFFFF">
   <xsl:for-each select="field">
      <th>
<font color="#0000F8">
<xsl:value-of select="@name"/>
</font>
</th>
   </xsl:for-each>
   </tr>
</xsl:for-each>
```

Wir haben hier den Ausdruck für das Lesen der Datenfelder nur leicht abgewandelt. Durch das Setzen des Index im **select**-Ausdruck sorgen wir zunächst dafür, daß die Schleife zur Erzeugung der Titelzeile nur einmal durchlaufen wird:

```
<xsl:for-each select="datasets/dataset[0]">
```

Die Feldnamen lesen wir aus dem **name**-Attribut unserer XML-Datei:

```
<xsl:value-of select="@name"/>
```

Damit haben wir eine vollständiege Tabelle generiert, deren grafische Ausprägung einfach angepaßt werden kann.

# 8 Transformation mit XSL-Stylesheets

*Bisher war der Begriff »Stylesheet« innnerhalb von Web-Anwendungen mit CSS (Cascading Style Sheets) verknüpft. XSL-Stylesheets bieten hier wesentlich erweiterte Möglichkeiten.*

## 8.1 XSL/XSLT-Prozessoren

Transformationen mit XSL werden durch den Einsatz von XSL/XSLT-Prozessoren ermöglicht. Beim Microsoft-Parser ist der Prozessor mit in der MSXML-Bibliothek enthalten. Das macht die Entwicklung mit dem Parser sehr einfach und praktisch. Da der Internet Explorer ab Version 5 den gleichen Parser einsetzt, können XSL-Stylesheets relativ einfach durch Aufruf im Browser getestet werden.

Im Gegensatz dazu funktioniert das bei eingebundenen DTDs nicht, daß der Internet Explorer diese standardmäßig nicht validiert.

Dieser einfache Zugang wird jedoch durch die veraltete Spezifikation, auf der der Prozessor basiert, getrübt. Einige der Methoden der aktuellen Spezifikation werden leider nicht unterstützt. Microsoft hat zwar eine weitere Version als Technology Preview veröffentlicht, den **MSXML2** Parser. Dieser unterstützt zwar die XSLT-Spezifikation, ist aber zum heutigen Zeitpunkt (3/2000) noch nicht für produktive Lösungen verfügbar. Ein Release-Termin ist noch nicht angekündigt.

Eine Alternative stellen Java-Lösungen dar. Stylesheets können auch zusammen mit Client- oder Server-seitigen XSL-Implementierungen in Java eingesetzt werden. Auf der Clientseite ist dafür ein Applet erforderlich. Solche Applets (eines davon ist auf der Buch-CD enthalten) sind zwar einfach einzusetzen, haben jedoch verschiedene Betriebsvoraussetzungen:

▶ Eine Java Virtual Machine muß auf dem Client konfiguriert und gestartet sein.

▶ Die Ausführung von Applets muß in den Sicherheitseinstellungen des Browsers konfiguriert sein.

Das mitgelieferte Applet ist mit der Microsoft Virtual Machine getestet und eingesetzt worden, um die Kompatibiltät von Stylesheets zu testen. Serverseitige XML-Lösungen mit Java werden in unserem Buch »XML und Java« eingehend behandelt, das auch einen guten Einstiegspunkt für VB-Entwickler in die Java-Welt darstellt. Im vorliegenden Buch werden wir nicht auf serverseitige XML-Lösungen in Java eingehen.

## 8.2 Die wichtigsten Funktionen in XSL-Stylesheets

XSL-Dateien sind auch XML-Dateien, sie müssen demzufolge den Anforderungen an ein XML-Dokument genügen. Dies wird auch durch die erste Zeile **<?xml version='1.0'?>** dokumentiert, die jede XML-Datei einleitet.

```
<?xml version='1.0'?>
```

Das Wurzel-Element eines Stylesheets ist das Stylesheet-Element. Die folgende Zeile

```
<xsl:stylesheet xmlns:xsl="http://www.w3.org/TR/WD-xsl">
```

identifiziert das Dokument als Stylesheet. Durch die Anweisung **xmlns:xsl** wird der Namensraum (Namespace) **xsl** deklariert, der in der Folge jeder XSL-Anweisung im Dokument vorangestellt wird. Durch diesen Namensraum wird dem XML-Parser bekanntgemacht, daß es sich um eine XSL-Anweisung handelt. Im Dokument muß durch diese Anweisung nicht jedesmal der gesamte Pfad angegeben werden, sondern es kann über das Kürzel xsl auf **http://www.w3.org/TR/WD-xsl** verwiesen werden. Das Kürzel ‚WD' in dieser URL steht für ‚Working Draft'. Der Microsoft-Parser unterstützt zur Zeit eine Untermenge der möglichen XSL-Anweisungen. Andere XSL-Prozessoren unterstützen eine fortgeschrittenere XSL-Version. Dies wird durch den Verweis auf eine andere URL dargestellt:

```
<xsl:stylesheet version="1.0" xmlns:xsl="http://www.w3.org/XSL/Transform">-->
```

oder

```
<xsl:stylesheet xmlns:xsl="http://www.w3.org/1999/XSL/Transform">
```

Wobei die Zahl 1999 nicht eine Version, sondern das Jahr der Veröffentlichung bezeichnet.

Unter dieser Adresse befindet sich die aktuell gültige XSL-Spezifikation des W3C. Die zur Drucklegung aktuelle Spezifikation ist auf der Buch-CD enthalten.

### 8.2.1 Verknüpfung einer XML-Datei mit einem Stylesheet

Eine XSL-Datei kann nur im Zusammenhang mit einer datentragenden XML-Datei angewendet werden. Diese Verknüpfung kann statisch in der XML-Datei notiert werden oder durch Anwendungskomponenten dynamisch erstellt werden. Im letzteren Fall kann jedes Element einer XML-Datei mit einem StyleSheet verknüpft werden, nicht nur die Wurzel des Dokuments.

Verknüpfungen zeigen immer von der XML- auf die XSL-Datei. Es ist zur Zeit nicht möglich, eine XSL- statisch mit einer XML-Datei zu verknüpfen, sondern nur umgekehrt. Auch die Verknüpfung mit mehreren XSL-Dateien wird noch nicht von allen Parsern unterstützt. Ebenso unterstützt der Microsoft Parser in der Version 1 nicht

```
<xsl:import>
```

durch das Stylesheets in andere Stylesheets eingebettet werden können. Dieses Feature kann durch externe Entities emuliert werden.

Die Verknüpfung des XSL-Dokuments zum XML-Dokument wird in letzterem mit einer **xml-Stylesheet**-Anweisung vorgenommen:

```
<?xml-stylesheet type="text/xsl" href="myStylesheet.xsl"?>
```

Hierbei handelt es sich daher nicht um eine XSL-, sondern um eine XML-Anweisung. Zurück zur XSL-Datei, hier das vollständige Gerüst:

**xsl:stylesheet**
```
<?xml version='1.0'?>
<xsl:stylesheet xmlns:xsl="http://www.w3.org/TR/WD-xsl">
<xsl:template match="/">
</xsl:template>

</xsl:stylesheet>
```

Hinzugekommen ist **<xsl:template>** Zwischen dem öffnenden und schließenden **xsl:template**-Tag wird der Code eingebettet, der die Ausgabe erzeugt. Die Anweisung **<xsl:template match="/">** weist den XSL-Prozessor an, die folgenden Anweisungen im Kontext der Wurzel der zu bearbeitenden XML-Datei anzuwenden.

Da XML-Dateien hierarchisch aufgebaut sind, kann in ihnen durch Pfade, ähnlich einem Dateisystem, navigiert werden. »/« verweist auf die Wurzel des »Verzeichnissystems«. Das match-Attribute besagt hier, daß die folgenden Anweisungen im Kontext der Wurzel der XML-Datei ausgeführt werden sollen.

## 8.2.2 Erzeugen von HTML im Stylesheet

Der hier beschriebene Rahmen erzeugt bisher noch keine Ausgabe. Wir fügen jetzt die für eine HTML-Datei typische Grundstruktur ein, die das Stylesheet bei seiner Anwendung ausgeben soll:

```
<xsl:template>
    <HTML>
        <HEAD>
        <LINK HREF="chapter.css" REL="stylesheet"/>
        </HEAD>
        <BODY>
            <xsl:apply-templates/>
        </BODY>
    </HTML>
</xsl:template>
```

**xsl:template**

Wir verknüpfen hier zunächst eine CSS-Datei für die Definition des Layouts der Seite. Die Transformation erzeugt eine HTML-Datei. Der Browser wird die Referenz bei der Anzeige auflösen und das CSS anwenden. Der XSL-Prozessor verarbeitet nur Anweisungen, wenn er über seinen Namensraum (**xsl**) angesprochen wird. Alle anderen Zeichen werden einfach in den Quelltext der erzeugten Ausgabe eingefügt. Dadurch erzeugt unser Stylesheet die HTML-Ausgabe, die in ihm notiert ist. Die gemischte Notation von HTML und XSL in einem Dokument kann bei der Entwicklung irritieren. Es ist eine gute Praxis, die Attribute der HTML-Elemente in XSL zu erzeugen. Als zusätzlicher Gewinn sind diese Attribute dann im Dokumentbaum des XSL-Dokuments einfacher zu manipulieren. Als erste Übung für die Erstellung von Quellcode mit XSL werden wir die CSS-Stylesheet-Verknüpfung in XSL implementieren und dabei als nächstes

xsl:attribute **xsl:attribute**

einführen. Es wird durch `xsl:attribute` aus

`<LINK HREF="chapter.css" REL="stylesheet"/>`

die XSL-Notation:

```
<LINK>
<xsl:attribute name="HREF">chapter.css</xsl:attribute>
<xsl:attribute name="REL">stylesheet</xsl:attribute>
</LINK>
```

Die Schreibweise hat, auch wenn sie zunächst umständlicher wirkt, den weiteren Vorteil, daß wir über diesen Mechanismus die CSS-Dateien auch dynamisch einbinden können. Wir lesen dafür aus der XML-Datei die erforderlichen Angaben aus, vorausgesetzt, wir waren so schlau, sie dort hineinzuschreiben.

### 8.2.3 Lesen von Werten aus dem XML-Dokument

Um eine XML-Datei zu formatieren, muß XSL die Möglichkeit bieten, auf Elemente des XML-Dokuments zu positionieren und ihre Werte zurückzugeben. Hierfür werden

xsl:value-of

und

xsl:value-of select

verwendet. Dabei liefert **xsl:value-of** den Inhalt des aktuellen Elements. Durch **select** kann ein XPath-Ausdruck angegeben werden, und der Inhalt des Elements wird, wie im Pfadausdruck spezifiziert, zurückgegeben. Hierbei finden die gleichen Pfadausdrücke wie bei den DOM-Methoden **selectSingleNode** und **selectNodes**-Anwendung.

Für unser CSS-Stylesheet-Beispiel setzen wir voraus, das die XML-Datei folgendes Element enthält:

```
<styles>
<style name="standard" href="chapter.css"/>
</styles>
```

Im XSL-Dokument passen wir unser LINK-Element daher weiter an:

```
<LINK>
<xsl:attribute name="HREF"><xsl:value-of select="styles/style/@href"/></xsl:attribute>
<xsl:attribute name="REL">stylesheet</xsl:attribute>
</LINK>
```

Es ist möglich und durchaus üblich, mehrere CSS-Stylessheets aus einem Dokument zu referenzieren. Da unser obiges Beispiel nur ein einziges Stylesheet unterstützt, werden wir es entsprechend abändern und dabei **xsl:for-each** einführen.

### 8.2.4 Schleifen mit for-each

Schleifen sind ein unabdingbares Werkzeug der Programmierung. Glücklicherweise stehen sie in XSL zur Verfügung. Zuständig dafür ist **xsl:for-each**. Es wird immer mit einem **select**-Ausdruck gemeinsam angewendet.

<xsl:for-each select="//styles/style">

<LINK>
<xsl:attribute name="HREF"><xsl:value-of select="styles/style/@href"/></xsl:attribute>
<xsl:attribute name="REL">stylesheet</xsl:attribute>
</LINK>

</xsl:for-each>

Der select-Ausdruck setzt die Prüfbedingung. In der Schleife können alle Elemente bearbeitet werden, die dieser Bedingung in ihrem augenblicklichen Kontext genügen. Die für diesen Ausdruck zu verarbeitenden Anweisungen, werden zwischen dem öffnendem und dem schließenden **for-each**-Tag notiert.

In unserem Beispiel können wir nun eine beliebige Anzahl von CSS-Stylesheets verknüpfen.

### 8.2.5 Aufrufen von Scripts mit xsl:eval

Ein gängiger Anwendungsfall für Schleifenkonstruktionen ist die Erzeugung von Tabellen. Dabei werden unter Umständen einzelne Zeilen unterschiedlich behandelt. So soll eine Kopfzeile die Feldnamen enthalten oder die Reihen abwechselnd eingefärbt werden, um die Übersichtlichkeit zu erhöhen. Während wir ersteres mit einer Abfrage des Index des Elements erledigen können, benötigen wir für letzteres einen Script-Aufruf.

Die Abfrage des Indexes können wir im Abfrageausdruck erledigen:

<xsl:for-each select="datasets/dataset[0]">

Wird eine Zahl in eckigen Klammern an einen Pfadausdruck angehängt, so wird als Ergebnis das Element mit dem betreffenden Index (0-basiert) zurückgegeben. Die Schleife wird somit höchstens einmal ausgeführt. Der Tabellenkopf:

```
<table border="1" style="table-layout:fixed width=600">
<col width="200"></col>
<xsl:for-each select="datasets/dataset[0]">
   <tr bgcolor="#FFFFFF">
   <xsl:for-each select="field">
      <th><font color="#0000F8"><xsl:value-of select="@name"/></font></th>
   </xsl:for-each>
   </tr>
</xsl:for-each>
```

Das Einfärben der einzelnen Zeilen:

```
<xsl:for-each select="datasets/dataset">
   <tr bgcolor="#FFFFFF">
   <xsl:for-each select="field">
      <td><font color="#0000F8"><xsl:value-of select="text()"/></font></td>
   </xsl:for-each>
   </tr>
</xsl:for-each>
```

Zur Erläuterung noch ein Fragment eines passenden XML-Dokuments:

```
<datasets>
<dataset>
   <field name="pkDocId">1</field>
   <field name="Name"><![CDATA[aspExamples.asp]]></field>
   <field name="Path"><![CDATA[CD\Samples\Asp\Admin]]></field>
   <field name="Comment"><![CDATA[Shows Asp Examples]]></field>
   <field name="ToBeDeployed">True</field>
   <field name="DocType">5</field>
   <field name="Category">1</field>
   <field name="Status">2</field>
   <field name="Used">1</field>
   <field name="Checked">15.01.2000</field>
   <field name="CheckedBy"><![CDATA[Elmar]]></field>
</dataset>
```

Um die Hintergrundfarbe einer Reihe zu verändern, betten wir einen Script-Aufruf ein. Der Aufruf wird beim Einfügen jeder Reihe ausgeführt und prüft, ob ein gerader oder ungerader Index vorliegt:

```
<xsl:attribute name=" bgcolor"> <xsl:eval>getColor(this)</xsl:eval> </xsl:attribute>
```

Die referenzierte Funktion **getColor** ist natürlich nicht in XSL eingebaut. Wir können XSL jedoch durch eigene Scripts erweitern. Dazu haben wir die volle Funktionalität von JavaScript/Jscript und das DOM des Dokuments zur Verfügung. Microsoft geht sogar soweit, daß ActiveX-Komponenten in XSL-Scripts geladen werden können. Wir lehnen dieses ab und gehen daher auch nicht weiter darauf ein. Hier sind nur kurz die Gründe unserer Ablehnung dargelegt:

- Clientseitiges ActiveX stellt ein Sicherheitsrisiko dar. Der Einsatz in Stylesheets diskrimiert die für sich sichere XML/XSL-Technologie. Die Komponeten müssen auf dem Client installiert werden.

**Einsatz von ActiveX in XSL**

- Die Stylesheets können nicht mehr für andere Parser oder sogar andere Plattformen transformiert werden.
- Durch ActiveX-Komponenten wird die Trennung zwischen Layout und Inhalt unterwandert. Scripting ist nur ein Hilfsmittel in Stylesheets. Das Laden von Applikationskomponenten ist unangemessen.
- Die Verarbeitung der Stylesheets wird stark verlangsamt.
- Einsatz von ActiveX in serverseitig verarbeiteten XSL-Dokumenten ist der Untergang jeder sauberen Programmstruktur.

Nach diesem kleinen Exkurs nun wieder zur Implementierung unserer **getColor**-Funktion. Durch sie lernen wir **xsl:script** kennen. Zur Ermittlung des Indexes setzen wir die Methode **absoluteChildNumber** der XSLT-Runtime ein. Das Ergebnis wird an **xsl:eval** zurückgeliefert:

```
<xsl:script>
  function getColor(e) {
   if(absoluteChildNumber(e)%2 == 0)
      {return "#339933"}
   else
      {return "#cc9900"}
  }
</xsl:script>
```

Die wichtigsten Funktionen in XSL-Stylesheets

Der vollständige XSL-Teil für die Erzeugung der Zeilen sieht jetzt so aus:

```
<xsl:for-each select="datasets/dataset">
   <tr>
   <xsl:attribute name="bgcolor"><xsl:eval>getColor(this)</xsl:eval></xsl:attribute>
   <xsl:for-each select="field">
      <td><font color="#FFFFFF"><xsl:value-of select="text()"/></font></td>
   </xsl:for-each>
   </tr>
</xsl:for-each>
```

*Beispiel auf CD*

Ein vollständiges Beispiel für diese Funktionalität finden Sie auf der CD unter **Styles/custxml2.xsl**.

### 8.2.6 Fall-Unterscheidung mit xsl:choose und xsl:when

Mit **xsl:choose**, **xsl:when** und **xsl:otherwise** werden Fallunterscheidungen in XSL abgebildet, wie wir sie als Select Case in VB oder Switch in Java kennen. In Fallunterscheidungen kann lediglich ausgewertet werden, ob eine Bedingung zutrifft oder nicht. Ein Abgleich auf bestimmte Werte ist nicht möglich. Die Struktur ist grundsätzlich wir folgt:

```
<xsl:choose>
        <xsl:when test=".[.='a']">insert Something</xsl:when>
        <xsl:when …    ></xsl:when>
        <xsl:when …    ></xsl:when>
        <xsl:otherwise>sonstwas</xsl:otherwise>
</xsl:choose>
```

Für den Fall, daß keine der **when**-Bedingungen zutrifft, stellt **otherwise** die Standardrückgabe bereit.

Wir veranschaulichen die Fallunterscheidung an einem kleinen Beispiel, indem wir eine Dateiliste abbilden wollen, wo für jede Datei das passende Symbol angezeigt werde soll. Die Dateien werden in einer einfach strukturierten XML-Datei verwaltet. Unter dem Wurzelelement files werden dafür file-Elemente eingefügt, die die Eigenschaften Name, Größe, Erstelldatum und Dateityp (Extension) haben. Der Einfachheit halber ist hier der Verweis auf das Stylesheet hart codiert.

```xml
<?xml version="1.0" encoding="iso-8859-1" ?>
<?xml-stylesheet type="text/xsl" href="../Styles/choose.xsl"?>
<files>
   <file id="6" name=" fida 996082.xls" size="568320" creation="1/27/00 10:01:27 AM" extension="xls"/>
   <file id="7" name=" orbi 996127 17.9..xls" size="585728" creation="1/27/00 10:01:31 AM" extension="xls"/>
   <file id="8" name="000001 star mt elge 6.1..xls" size="252928" creation="1/27/00 10:01:36 AM" extension="xls"/>
   <file id="9" name="000002 daa mt mida 6.1.00.pdf" size="252928" creation="1/27/00 10:01:39 AM" extension="pdf"/>
   <file id="17" name="996060 M.K..xls" size="48640" creation="1/27/00 10:02:24 AM" extension="xls"/>
   <file id="18" name="996072 gorb.xls" size="556544" creation="1/27/00 10:02:25 AM" extension="xls"/>
   <file id="19" name="996073 crco.doc" size="21504" creation="1/27/00 10:02:29 AM" extension="doc"/>
   <file id="20" name="acbi 996098.xls" size="585216" creation="1/27/00 10:02:30 AM" extension="xls"/>
</files>
```

Wir könnten die Datei-Erweiterung auch aus dem Namen gewinnen, aus Performancegründen setzen wir hierfür jedoch ein eigenes Attribut mit dem Namen **Extension** ein. Die Ermittlung des Typs durch ein Script würde sich bei größeren Listen deutlich in der Ausführungsgeschwindigkeit bemerkbar machen, da das Script bei jeder Datei aufgerufen würde. Solche Verarbeitungsmimik sollte man nur einsetzen, wenn es keine andere Lösung gibt. Daher gehen wir hier davon aus, daß das Dokument für die spätere Verarbeitung optimiert ist und redundante Informationen enthält.

**Aus Performancegründen nur soviel Script wie nötig einsetzen**

Unser **xsl:choose** prüft nun den Wert jedes Extension-Attributes und liefert uns zunächst zu Testzwecken nur eine Meldung zurück:

```
<xsl:choose>
        <xsl:when test=".[@extension='xls']">insert Excel Image</xsl:when>
        <xsl:when test=".[@extension='doc']">insert Word Image</xsl:when>
        <xsl:when test=".[@extension='pdf']">insert Pdf Image</
```

```
xsl:when>
        <xsl:otherwise>insert Default Image</xsl:otherwise>
</xsl:choose>
```

Wir müssen den Block noch in eine **for-each**-Schleife einbetten, in der durch alle **file**-Elemente gelaufen wird:

```
<xsl:for-each select="//file" order-by="@name">
... hier kommt der choose Block
</xsl:for-each>
```

Wir lernen auf diese Weise kennen, wie wir eine Ergebnismenge in XSL sortieren können. Durch die Angabe eine **order-by**-Attributes, dessen Wert den Namen des Attributes enthält, nach dem sortiert werden soll. In unserem Fall ist dies der Dateiname.

Nun betten wir die Rückgabe in eine HTML-Tabelle ein, indem wir in jedem Schleifendurchlauf eine Zeile erstellen. Dateiname und Symbol sollen in jeweils einer eigenen Spalte stehen:

Den Dateinamen fügen wir mit folgender Anweisung ein:

```
  <TD>
     <xsl:value-of select="@name"/>
  </TD>
```

Nun ersetzen wir den Text, der innerhalb der Fallunterscheidung eingefügt wird, durch den Verweis auf eine Grafik. Die erforderlichen Grafiken sind auf der Buch-CD enthalten. Wir erzeugen ein Image-Element durch Einfügen in jeden Fall der Unterscheidung, also in jeden **xsl:when**-Block:

```
<xsl:when test=".[@extension='xls']">
<img>
<xsl:attribute name="onmouseover">style.cursor='hand'</xsl:attribute>
<xsl:attribute name="src">../images/xls.gif</xsl:attribute>
</img>
</sl:when>
```

Es wäre effektiver, wenn wir die gesamte Fallunterscheidung in ein Image-Element einbetten würden und dann nur die entsprechende Attributwerte setzen müßten. Dann könnten wir jedoch nicht **xsl:attribute** verwenden, denn dies bezieht sich immer auf das vorangehende Element. In diesem Zusammenhang ist es gleichgültig, ob es sich um ein XSL- oder ein HTML-Element handelt. Dieser Unterschied ist dem Stylesheet nicht bekannt, es behandelt beide als XML-Elemente. Daher würde bei folgender Notation der XSL-Prozessor versuchen, dem **xsl:when**-Element ein Attribut zuzuordnen, und damit einen Laufzeitfehler erzeugen:

```
<img>
<xsl:when test=".[@extension='xls']">
   <xsl:attribute name="onmouseover">style.cursor='hand'</xsl:attribute>
         <xsl:attribute name="src">../images/xls.gif</xsl:attribute>
</xsl:when>
</img>
```

Daher müssen wir das IMG-Element in jedem Unterscheidungsfall notieren:

```
<xsl:when test=".[@extension='xls']">
   <img>
      <xsl:attribute name="onmouseover">style.cursor='hand'</xsl:attribute>
   <xsl:attribute name="src">../images/xls.gif</xsl:attribute>
      </img>
</xsl:when>
```

Wenden wir dies auf jeden unserer implementierten Dateitypen an, so sieht das Stylesheet für die Erzeugung der Tabelle so aus:

```
<TABLE>
   <xsl:for-each select="//file" order-by="@name">
   <TR>
      <TD>
      <xsl:choose>
         <xsl:when test=".[@extension='xls']">
         <img>
         <xsl:attribute name="onmouseover">style.cursor='hand'</xsl:attribute>
         <xsl:attribute name="src">../images/xls.gif</xsl:attribute>
         </img>
         </xsl:when>
         <xsl:when test=".[@extension='doc']">
```

```
        <img>
        <xsl:attribute name="onmouseover">style.cursor='hand'</xsl:attribute>
        <xsl:attribute name="src">../images/doc.gif</xsl:attribute>
        </img>
        </xsl:when>
        <xsl:when test=".[@extension='pdf']">
        <img>
        <xsl:attribute name="onmouseover">style.cursor='hand'</xsl:attribute>
        <xsl:attribute name="src">../images/pdf.gif</xsl:attribute>
        </img>
        </xsl:when>
        <xsl:otherwise>
        <img>
        <xsl:attribute name="onmouseover">style.cursor='hand'</xsl:attribute>
        <xsl:attribute name="src">../images/unknown.gif</xsl:attribute>
        </img>
        </xsl:otherwise>
    </xsl:choose>
    </TD>
    <TD>
    <xsl:value-of select="@name"/>
    </TD>
  </TR>
  </xsl:for-each>
  </TABLE>
```

Weitere Dateitypen sind offensichtlich einfach hinzuzufügen. Das Ergebnis im Browser sollte jetzt wie folgt aussehen:

**Abbildung 8.1**

### 8.2.7 Fall-Unterscheidung mit xsl:if

XSL unterstützt natürlich auch einfache Bedingungsstrukturen mit **xsl:if**. Die Syntax hierfür entspricht der von **xsl:when**, es wird eine Bedingung geprüft und abhängig davon der Inhalt des **if**-Elements verarbeitet. Wir ergänzen unser vorangegangenes Beispiel um das Einfügen einer Titelzeile für unsere Tabelle. Diese soll natürlich nur vor der ersten Daten-Zeile eingefügt werden. Da uns hierfür keine Zählvariable zur Verfügung steht, erledigen wir dies mit **xsl:if**.

Wir setzen dafür die **context**-Methode ein und prüfen, welchen Index das eingefügte Element hat. Beim ersten Schleifendurchlauf hat der Index den Wert ‚0', in diesem Fall sollen die Tabellenköpfe erzeugt werden.

```
<xsl:if test="context()[0]">
    <TH BGCOLOR="#808080" STYLE="font-size: small;">Typ</TH>
    <TH BGCOLOR="#808080" STYLE="font-size: small;">Name</TH>
</xsl:if>
```

In diesem Fall setzen wir das Layout nicht über ein **CSS.Stylesheet**, sondern direkt durch die Attribute der HTML-Elemente.

## 8.2.8 XSL-Methoden

XSL stellt eine Reihe von Methoden zur Verfügung, die in der Transformation angewendet werden können. Nützliche Funktionalitäten bieten diese vor allem in der Formatierung und Numerierung.

| absoluteChildNumber | Liefert den Index des Nodes relativ zu allen Elementen |
|---|---|
| ancestorChildNumber | Liefert den Index des Vorfahr-Nodes mit einem bestimmten Namen, der als Parameter übergeben wird |
| childNumber | Liefert den Index des Nodes aus der Auswahl aller gleichnamigen Nodes |
| Depth | Liefert die Tiefe in der Elementstruktur, an der das aktuelle Element steht |
| FormatDate | Formatiert ein Datum |
| FormatIndex | Formatiert einen Index |
| FormatNumber | Formatiert eine Zahl |
| FormatTime | Formatiert eine Zeit |

**Tabelle 8.1**

Stellvertretend betrachten wir die Funktionen **childNumber** und **formatIndex**, mit denen wir unsere Ergebnisliste numerieren werden.

Dafür benötigen wir nur eine Zeile:

`<xsl:eval>formatIndex(childNumber(this), "1")</xsl:eval>`:

Eingebettet in ein **xsl:eval**-Element liefert uns die childNumber-Methode den Index des Elements. Im zweiten Schritt formatieren wir den Index als arabische Zahl.

Wir fügen diese Zeile in unser XSL-Dokument innerhalb einer neuen Spalte in unserer Tabelle ein. Dafür erzeugen wir zunächst einen neuen Spaltenkopf, den wir vor den anderen Spaltenköpfen einfügen:

```
<TH BGCOLOR="#808080" STYLE="font-size: small;">Nr</TH>
```

Der datentragende Teil der Tabelle beginnt nun so:

```
<TR>
    <TD><xsl:eval>formatIndex(childNumber(this), "1")</
```

```
xsl:eval>:</TD>
    <TD>
    <xsl:choose>
        <xsl:when test=".[@extension='xls']">
            ...
```

Das Ergebnis im Webbrowser bietet jedoch eine kleine Enttäuschung:

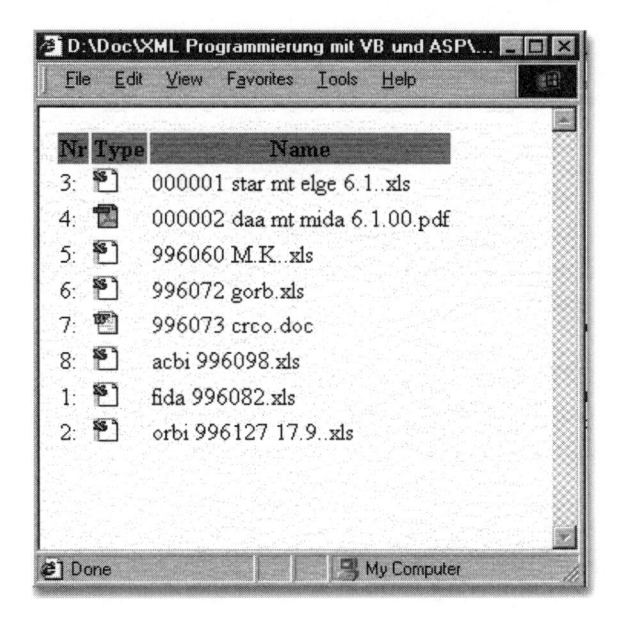

**Abbildung 8.2**

Die Numerierung ist offensichtlich falsch, leider. Der Grund liegt darin, daß die Funktion childNumber die Reihenfolge der Elemente im XML-Dokument berücksichtigt. In bezug auf diese stimmt der Index. Unser order-by-Attribut verändert die Reihenfolge jedoch, so daß der Index in bezug auf die Anzeige nicht mehr stimmt. Dies ist auch einleuchtend, da die XSL-Methoden auf die Transformation der XML-Quelldaten wirken, nicht jedoch auf die transformierten Ergebnisse selbst. Für eine Numerierung, die auch auf sortierten Ergebnismengen funktioniert, muß eine Script-Funktion eingesetzt werden. Wir notieren die recht schlichte Funktion am Anfang des XSL-Dokuments innerhalb eines Script-Elements:

```
<xsl:script>
var recordCount=0;
```

```
function getNumber() {
  recordCount=recordCount + 1;
  return recordCount;
}
</xsl:script>
```

Nun rufen wir die Funktion in jeder Zeile unserer Schleife auf, wodurch die Zählvariable hochgezählt wird und ihr aktueller Wert in die Tabelle eingefügt wird.

`<TD><xsl:eval>getNumber()</xsl:eval></TD>`

Nun werden die Nummern nach der Anzeigereihenfolge gesetzt.

Häufig müssen Zahlen oder Datumsangaben bestimmten Formatierungskriterien genügen. Wir zeigen im folgenden Beispiel, wie wir ein Datum mit **formatDate** formatieren können. Zunächst einmal die Liste der möglichen Formatierungsanweisungen.

### Die Parameter von formatDate

Ähnlich wie in VBA gewohnt, kann **formatDate** mit Parametern versorgt werden, die die Formatierung steuern:

| | |
|---|---|
| M | Monate von 1–12 |
| MM | Monate von 01–12 |
| MMM | Monate als Drei-Ziffern-Kürzel (Jan-Dez) |
| MMMM | Monate mit ihrer vollen Bezeichnung (January-December) |
| MMMMM | Monate mit Anzeige des ersten Buchstabens |
| D | Tage von 1–31 |
| DD | Tage grundsätzlich zweistellig von 01–31 |
| DDD | Tage als Drei-Ziffern-Kürzel (Sun–Sat) |
| DDDD | Monate mit ihrer vollen Bezeichnung |
| YY | Jahre zweistellig (00–99) |
| YYYY | Jahre vierstellig 1900–9999 |

Tabelle 8.2

Zunächst einmal müssen wir den Aufruf in ein **xsl:eval** verpacken und in diesem auf das entsprechende Attribut auslesen, das das Datum enthält. Da das Datum das vierte Attribut des File-Elements darstellt, greifen wir über den Index des Attributs auf den Wert zu:

```
this.attributes.item(3).nodeValue
```

Um auf diesen Wert **formatDate** anzuwenden, müssen wir den Umweg über einen Scriptaufruf gehen. Wir werden daher das Element an eine Scriptfunktion **getDate** übergeben und die Formatierung dort durchführen.

```
<TD><xsl:eval>getDate(this)</xsl:eval></TD>
```

Die Funktion **getDate** deklarieren wir in unserem Script-Element:

```
function getDate(e) {
return formatDate(new
Date(Date.parse(e.attributes.item(3).nodeValue)).
getVarDate(), "dd MM yyyy");
}
```

Da **formatDate** als Eingangsparameter ein Objekt vom Typ Date erwartet, erzeugen wir dieses mit dem **new**-Operator. Aus der in JavaScript eingebauten **Date**-Klasse nutzen wir die **parse**-Methode, um den Datumsanteil des **nodeValues** zu erhalten.

Anschließend rufen wir die **getVarDate**-Methode auf, die einen Variant vom Typ Date zurücklieft. Erst auf diesen können wir die **formatDate**-Methode anwenden. Erforderlich wird dieser Umweg durch die fehlende Typdeklaration in der XML-Quelldatei. Da wir den Datumswert in einem Attribut verwalten, das wir zur Zeit nicht typisieren können, ist der Umweg unumgänglich.

Durch einen Bug in der **XTLRuntime**, dem XSL-Prozessor des **MSXML**-Parsers, können wir den Aufruf nicht direkt in das eval-Element einbetten, sondern müssen ihn über unsere Funktion schleusen. Als Ergebnis haben wir jedoch alle Möglichkeiten von **FormatDate** zur Verfügung. Die Formatbeschreibung **dd MM yyyy** liefert aus Werten wie **1/27/2000 10:01:27 AM** die folgende Anzeige:

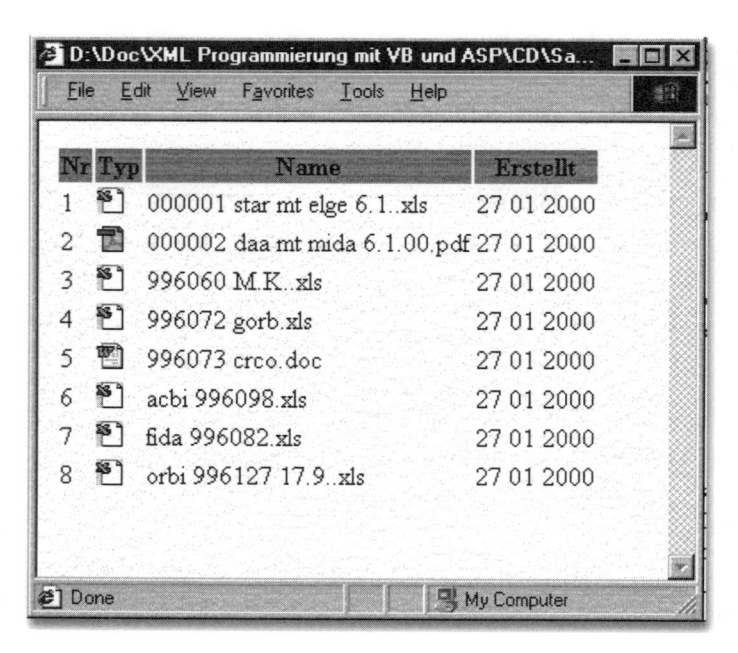

Abbildung 8.3

### 8.2.9 Einsatz von Vergleichsoperatoren

Durch Testen eines Elements wie in den vorangegangenen Beispielen kann nur geprüft werden, ob eine Bedingung zutrifft oder nicht. Für diese Aufgabe stehen uns neben dem Gleichheitsoperator weitere Vergleichsoperatoren zur Verfügung. Die Operatoren sind Bestandteil der XPath-Spezifikation. Hierzu mehr im Kapitel »Abfragen in XML«.

## 8.3 Arbeiten mit XSL:Templates

Wir haben bereits kennengelernt, wie wir Schleifen und Fall-Unterscheidungen einsetzen können, um XML-Dokumente durch XSL zu transformieren. Da aber bisher alle Transformationen durch Filtern der Elemente und nachfolgendes Bearbeiten der Ergebnisliste geleistet werden, fehlen uns rekursive Aufrufe, um Strukturen abzubilden. Um einen Verzeichnisbaum darzustellen, müßten wir nach den bisher eingeführten Mitteln wissen, wie tief dieser strukturiert ist, oder wir könnten ihn nur bis zu einer bestimmten Tiefe darstellen. Wir veranschaulichen dies an einem einfachen Beispiel. Hier zunächst ein Auszug aus der XML-Datei, die den Verzeichnisbaum beschreibt, die vollständioge Datei ist auf der Buch-CD im Verzeichnis ‚Data' zu finden:

```
<?xml version="1.0" encoding="iso-8859-1" ?>
<archive childCount="1" archivename="myArchive">
<folder parentId="1" childCount="1" a0="3" a1="2" …>
        <folder …/>
        <folder ..>
           <folder ../>
        </folder>
    </folder>
</archive>
```

Im Wurzelelement ‚**archive**' sind die Verzeichnisse ‚**folder**' eingehängt.

Durch einen **for-each**-Ausdruck könnte ein anzuzeigender Strukturbaum erzeugt werden, mit den bereits genannten Einschränkungen.

```
<xsl:for-each select="//archive/folder">
      <DIV>
        <xsl:attribute name="id">folder<xsl:value-of select="@id"/></xsl:attribute>
        <xsl:value-of select="@name"/>
        <xsl:for-each select="folder">
        <DIV>
           <xsl:attribute name="id">folder<xsl:value-of select="@id"/></xsl:attribute>
           <xsl:value-of select="@name"/>
        </DIV>
```

```
        </xsl:for-each>
    </DIV>
</xsl:for-each>
```

Dieses Stylesheet-Fragment zeigt die beiden ersten Hierarchieebenen der Verzeichnisstruktur an. Es zeigt, daß die **for-each**-Struktur immer weiter wiederholt werden müßte, um alle **folder** zu berücksichtigen. Es gibt für dieses Problem nur zwei Lösungen:

1. Die Rekursion in einem Script durchzuführen, das das erforderliche HTML generiert
2. Die Rekursion durch das Konzept der Templates umzusetzen

Wir beschäftigen uns mit dem zweiten Ansatz, da der erste die Vorteile von XSL nicht zum Tragen bringt. Hierfür setzen wir die Schleifen-Konstruktion in einem **template**-Element um.

### 8.3.1 Rekursion mit Templates

Das Konzept der XSL-Templates ist recht einfach. Ein Template enthält XSL-Beschreibungen, die immer dann angewendet werden sollen, wenn der für das Template angegebene Filterausdruck erfolgreich angewendet werden kann. Der Ausdruck wird in XPath-Notation verfaßt und im eigens dafür vorgesehenen match-Attribut verwaltet. Bei der Bearbeitung eines Stylesheets versucht der XSL-Prozessor im darzustellenden XML-Dokument Elemente zu finden, auf die der Ausdruck im **match**-Attribut paßt. Der Prozessor transformiert dann diese Elemente und hängt sie in den Ergebnisbaum ein.

Konkret in unserem Beispiel bedeutet dies:

```
<xsl:template match="folder" >
    <DIV style="margin-left:15pt;">
```

leistet grundsätzlich dasselbe wie:

```
<xsl:for-each select="folder">
    <DIV style="margin-left=15Pt;">
```

Der Unterschied liegt jedoch in der Verarbeitung des match-Ausdrucks: Er kann in jedem Kontext ausgewertet werden, im Falle einer Verzeichnisstruktur also in jeder Hierarchieebene. Dazu kann man den XSL-Prozessor dadurch veranlassen, daß ihm eine Anforderung »führe Template aus« gesendet wird. Genau diese Anweisung ist beim Schleifendurchlauf nicht möglich.

In einem Template wird die Rekursion durch die **apply-templates**-Anweisung möglich. Im folgenden Beispiel wird sie ohne ein mögliches **select**-Attribut aufgerufen. Dadurch wird der XSL-Prozessor angestossen, alle Elemente des gegebenen Kontextes daraufhin zu überprüfen, ob ein **template** angewendet werden kann. Findet der Prozessor ein folder-Element, wird wieder das **template** aufgerufen, bis keine passenden Elemente mehr gefunden werden können.

```
<xsl:template match="folder" >
    <div style="margin-left:15pt;">
       <span>
          Ich bin ein Ordner
       </span>
       <xsl:apply-templates/>
    </div>
</xsl:template>
```

Das **select**-Attribut beschränkt die anzuwendenden templates auf die, auf die der angegebene **XPath**-Ausdruck paßt. Daher ist es an dieser Stelle unseres Beispiels in bezug auf das Ergebnis gleichgültig, ob

```
<xsl:apply-templates/>
```

oder

```
<xsl:apply-templates select="folder"/>
```

verwendet wird, da wir unterhalb von Foldern hier wiederum nur Folder erwarten.

Wir setzen **apply-templates select** in unserem Beispiel ein, um in den Verzeichnisbaum einzusteigen. Wir rufen das folder-Template gezielt aus dem Wurzelelement des Verzeichnisbaums auf:

```
<xsl:apply-templates select="//archive/folder"/>
```

liefert nur die unmittelbaren Nachfolger des Wurzelelements als Basis der Rekursion. Der vollständige Aufrufblock im Stylesheet, der den BODY der erstellten HTML-Datei beschreibt:

```
<BODY topmargin="0" leftmargin="2">
   <img src="../images/archive.gif" id="img1" width="16" height="13" border="0" alt="Archivname" align="left" />
   <span id="folder1" ><xsl:value-of select="archive/@archivename"/></span>
   <xsl:apply-templates select="//archive/folder" order-by="@a2"/>
</BODY>
....
<xsl:template match="folder" >
   <div style="margin-left:15pt;">
   <span>
....
```

Zunächst fügen wir ein Bild ein, das das Symbol für unsere Verzeichniswurzel darstellt. Innerhalb eines SPAN-Elements setzen wir anschließend Name und ID des Ordners. Schließlich rufen wir das Template auf, um die Ordnerstruktur zu generieren.

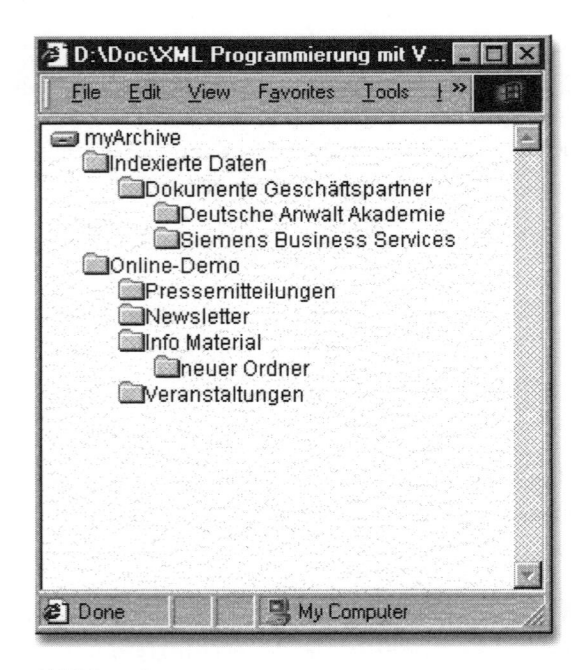

Abbildung 8.4

Es fällt auf, daß hier das Body-Element des HTML-Dokuments geschlossen wird, demnach keine weiteren Inhalte erwartet werden. Das aufgerufene Template steht jenseits des Body-Elements. Daran erkennen wir, daß es keine Rolle spielt, wo das Template notiert wird, sondern nur, wo es aufgerufen wird. Der vollständige vom Template generierte Ergebnisbaum wird an der Aufrufstelle eingefügt.

Wir haben nun ein vollständiges XSL-Dokument, das uns nun dazu dienen kann, beliebig tiefe Verzeichnisstrukturen darzustellen. Die Attribute der einzelnen Verzeichnisse, wie zum Beispiel der Name für die Anzeige, sind mit numerierten Attributen dargestellt, um die Größe der XML-Datei, die die Strukturdaten enthält, auch bei großen Verzeichnisbäumen klein zu halten.

```
<folder parentId="1" childCount="1" a0="3" a1="2" a2="Indexierte
Daten" a3="0" a4="1/27/00 10:00:42 AM" a5="1/27/00 10:00:42 AM"
a6="0"…
```

Wir sehen hier auch Attribute, die auch mit XSL- oder DOM-Methoden berechnet werden könnten. Wenn die Werte auch beim Erzeugen der XML-Datei bereits bekannt sind, kann es jedoch die Performance deutlich verbessern, diese nicht zur Laufzeit zu bilden. Es kann auch für das Handling der XSL-Datei einige Vorteile haben, wenn diese nicht unnötigen Code zur Berechnung von Attributwerten enthält.

Die Benamung der Attribute ist in einem Element hinterlegt, das die Captions als Entity-Referenzen vorhält. Die Einbindung von DTDs und Entities wird im Kapitel »DTD und Schema« behandelt. Hier die Deklaration im Kopf der XML-Datei.

```
<?xml version="1.0" encoding="iso-8859-1"?>
<?xml-stylesheet type="text/xsl" href="../styles/folderview.xsl"?>
<!DOCTYPE archive SYSTEM "../schemas/xmlLat1.dtd" [
    <!ENTITY DocID "Dokument-ID">
    <!ENTITY CatalogID "Katalog-ID">
    <!ENTITY LongName "Dateiname">
    <!ENTITY Size "Gr&#246;&#223;e">
    <!ENTITY CreationTime "Erstellt am">
    <!ENTITY ChangedTime "Ge&#228;ndert am">
    <!ENTITY VersionNumber "Version">
    <!ENTITY VersionID "Versions-ID">
    <!ENTITY extension "Erweiterung">
```

```
    <!ENTITY type "Typ">
]>
```

**xmllat1.dtd** wird eingebunden, damit z. B. die Umlaute in den Attribut-Captions von Parser und Browser interpretiert werden können. Darauf folgend werden die Entities notiert. Der Microsoft Parser kennt keine HTML-Entitäten, daher wird der Umlaut ‚ö' als &#246; codiert.

Das **Captions**-Element, als erstes unter der Wurzel ‚**archive**' eingefügt, benutzt die intern deklarierten Entities, die häufig für Sichten auf Verzeichnisstrukturen benötigt werden, die Versionsattribute bei Archiven oder Dokument-Managmentsystemen:

```
<captions>
    <caption name="a0">&DocID;</caption>
    <caption name="a1">&CatalogID;</caption>
    <caption name="a2">&LongName;</caption>
    <caption name="a3">&Size;</caption>
    <caption name="a4">&ChangedTime;</caption>
    <caption name="a5">&CreationTime;</caption>
    <caption name="a6">&VersionID;</caption>
    <caption name="a7">&VersionNumber;</caption>
    <caption name="a8">&extension;</caption>
    <caption name="a9">&type;</caption>
</captions>
```

Anschließend folgt die Folder-Struktur. Dabei können folder-Elemente andere folder-Elemente enthalten. Auf die Benamung der Attribute kann später durch Client-Scripts zugegriffen werden. Ebenso können die Ordner ein- und ausgeblendet werden, wenn wir unser XSL-Stylesheet entsprechend erweitern. In unserem Beispiel zeigen wir den Verzeichnisbaum direkt vollständig an. Unser Stylesheet benötigt die Entitäten nicht, da diese vom XML-Parser aufgelöst werden. Dies funktioniert bei der Transformation mit dem Internet-Explorer reibungslos. Es kann jedoch bei der Verarbeitung der Transformation mit der **MSXML.DLL** nötig sein, die eigenen Entities auch in der XSL-Datei bekannt zu machen, da keine Kontrolle darüber besteht, in welcher Reihenfolge die Entitäten in den XSL- oder XML-Dokumenten aufgelöst werden. Erhält man bei der Arbeit mit Entities die Meldung ‚**undefined Entity**' als Parser-Fehler, so kann dieser Umstand die Ursache sein. Hier jedoch das Stylesheet, der Übersicht halber ohne Entities:

```xml
<xsl:stylesheet xmlns:xsl="http://www.w3.org/TR/WD-xsl">
   <xsl:template match="/">
      <HTML>
      <HEAD>
         <META HTTP-EQUIV="expires" CONTENT="0"/>
         <LINK>
            <xsl:attribute name="rel">stylesheet</xsl:attribute>
            <xsl:attribute name="type">text/css</xsl:attribute>
            <xsl:attribute name="href">../styles/tree.css</xsl:attribute>
         </LINK>
      </HEAD>
      <BODY topmargin="0" leftmargin="2">
         <img src="../images/archive.gif" id="img1" width="16" height="13" border="0" alt="Archivname" align="left" />
         <span id="folder1" ><xsl:value-of select="archive/@archivename"/></span>
         <xsl:apply-templates select="//archive/folder" order-by="@a2"/>
      </BODY>
      </HTML>
   </xsl:template>
   <xsl:template match="folder" >
      <div style="margin-left:15pt;">
         <span>
            <img align="left" src="../images/smfolders.gif" hspace="0">
               <xsl:attribute name="id">img<xsl:value-of select="@a0"/></xsl:attribute>
            </img>
            <font onmouseover="style.cursor='hand'">
               <xsl:value-of select="@a2"/>
            </font>
         </span>
         <xsl:apply-templates select="folder"/>
      </div>
   </xsl:template>
</xsl:stylesheet>
```

# 9 Erzeugung von HTML auf dem Webserver

*In diesem Kapitel werden die Vorteile serverseitiger Verarbeitung von XSL herausgestellt. Anhand eines Beispiels wird dargestellt, wie aus einer XML-Datei und zugehörigem Stylesheet eine HTML-Seite erzeugt und an den Browser zurückgegeben wird.*

## 9.1 Browserunabhängigkeit durch serverseitige Verarbeitung

In unserer Anwendung wird XML auf dem Webserver in HTML transformiert. Die Anwendung ist dadurch einfach für unterschiedliche Browser realisierbar. Hier ein Beispiel für eine ASP-Datei, die als Parameter die Dateinamen einer XML- und einer XSL-Datei übergeben bekommt. Die ASP-Seite liefert das Ergebnis der Transformation im Response Stream.

Wir benutzen dafür die XMLDatei **categories.xml**, eine XSL-Datei **categorylist.xsl** und eine ASP-Datei **TransformToStream.asp** von der Buch-CD.

## 9.2 Erstellen der ASP-Seite

Für dieses Beispiel gehen wir detailliert die einzelnen Schritte durch, die für die Erzeugung eines HTML Streams auf dem Server nötig sind. Für ASP-Kenner werden einige Erläuterungen daher überflüssig sein ...

Das Beispiel befindet sich auf der Buch-CD unter **/Samples/asp/TransformToStream/TransformToStream.asp**. Hinweise zum Ausführen der Beispiele finden Sie im Kapitel zum Inhalt der Buch-CD.

### Schritt 1

```
<SCRIPT LANGUAGE=jscript RUNAT=Server>
</SCRIPT>
```

Zunächst legen wir den Überbau an, den die ASP-Datei benötigt. Im Script-Tag wird die Scriptsprache (jscript) und die Scriptumgebung (RUNAT=Server) festgelegt.

Zwischen den beiden Tags <SCRIPT LANGUAGE=jscript RUNAT=Server> und </SCRIPT> steht der Code, der beim Aufruf der Seite aus einem Webbrowser aufgerufen wird.

### Schritt 2

Für den Zugriff auf die Dateien laden wir je eine Instanz des **XMLDOM**-Objekts aus Microsofts XML-Bibliothek **MSXML.DLL**. Anschließend prüfen wir, ob die Objekte erfolgreich geladen werden konnten, falls nicht, wird eine Fehlermeldung erzeugt, und es gibt Nachbesserungsbedarf bei unserer Webserver-Installation.

```
var xmlDoc = Server.CreateObject("Microsoft.XMLDOM");
var xslDoc = Server.CreateObject("Microsoft.XMLDOM");
if (xmlDoc==null) {Response.Write ("Application Error: Cannot Create 'Microsoft.XMLDOM'");
Response.End; }
```

### Schritt 3

Da wir vermeiden wollen, daß eine Verarbeitung nur mit den vollständig geladenen Objekten begonnen werden soll, setzen wir die Eigenschaft **async** auf **false**.

```
xmlDoc.async = false;
xmlDoc.async = false;
```

### Schritt 4

Als nächstes lesen wir die zu verwendenden Dateien aus den Aufrufparametern aus und bereiten sie um Pfad und Erweiterung auf. Wir nehmen hierbei zur Vereinfachung an, daß sich alle Dateien innerhalb eines Verzeichnisses befinden. Die **MapPath**-Funktion des Servers ermöglicht die Umsetzung des relativen Pfades (mit dem unsere Dokumentobjekte nichts anzufangen wüßten) in einen absoluten Pfad des Dateisystems.

```
var xmlFile = Server.MapPath("../../data/"+
Request.QueryString("xmlFile") + ".xml");
var xslFile = Server.MapPath("../../data/"+
Request.QueryString("xslFile") + ".xsl");
```

## Schritt 5

Nun laden wir die Dateien in die Dokumentobjekte, die wir anfangs gebildet haben. Anschließend prüfen wir, ob der Ladevorgang erfolgreich war. Wenn nicht, wird eine qualifizierte Fehlermeldung zurückgegeben.

```
xmlDoc.load(xmlFile); xslDoc.load(xslFile);
if (xslDoc.parseError!=0 || xmlDoc.parseError!=0)
   { if (xslDoc.parseError.reason!="") {Response.Write ("
   "+ "Error in XSL: " + xslDoc.parseError.reason + "
   " + xslFile);}
   if (xmlDoc.parseError.reason!="") {Response.Write ("
   " + "Error in XML: " + xmlDoc.parseError.reason + "
   " + xmlFile);}
   }
   ...
```

## Schritt 6

Nach der geleisteten Vorarbeit ist die Transformation in einer Zeile erledigt.

Die Methode **transformNodeToObject** schreibt das Ergebnis direkt in den ResponseStream

```
xmlDoc.transformNodeToObject(xslDoc, Response);
```

## Schritt 7

Nun können wir die Datei aufrufen. Dazu rufen wir im virtuellen Verzeichnis, in dem Sie die Samples von der CD installiert haben, die ASP-Seite auf:

http://<servername>/<virtuellesVerzeichnis>/TransformToStream/
TransformToStream.asp?xslFile=categoryList&xmlFile=categories

Die beiden Parameter zeigen auf die XSL-Datei und auf die XML-Datei, die verarbeitet werden sollen.

Im folgenden Abschnitt werden wir darauf eingehen, wie das Ergebnis in der XSL-Datei erzeugt wurde. Hier jedoch noch die vollständige ASP-Datei:

```
<SCRIPT LANGUAGE=jscript RUNAT=Server>
//ActiveX Object aus MSXML.DLL instantiieren
   var xmlDoc = Server.CreateObject("Microsoft.XMLDOM");
   if(xmlDoc ==null)
      {
      Response.Write ("Application Error: Cannot Create XMLDOM !");
      Response.End
      }
   var xslDoc = Server.CreateObject("Microsoft.XMLDOM");
//In Asynchronen Modus setzen
   xmlDoc.async = false;
   xmlDoc.async = false;
//Dateinamen einlesen und relative Pfade in absolute Pfade umwandeln
//für das Beispiel hardcoded
   //var xmlFile = Server.MapPath(Request("xmlFile"));
   //var xslFile = Server.MapPath(Request("xslFile"));
var xmlFile = Server.MapPath("../data/categories.xml");
var xmlFile = Server.MapPath("../data/categories.xsl");
//Dokument und Stylesheet laden
   xmlDoc.load(xmlFile);
   xslDoc.load(xslFile);
//Transformation auslösen und in Ergebnisstream schreiben
   xmlDoc.transformNodeToObject(xslDoc, Response);
</SCRIPT>
```

## 9.3 Transformation mit XSL

Sollte alles gutgegangen sein, müßte auf Ihrem Bildschirm jetzt folgende Seite angezeigt werden.

Abbildung 9.1

Die XML-Datei dazu sieht so aus (Auszug):

```
<?xml version="1.0" encoding="iso8859-1"?>
<?xml-stylesheet type="text/xsl" href="categorylist.xsl"?>
<categories>
   <category CategoryId="1" name="Design" description="..."/>
   <category CategoryId="2" name="Conputing" description="..."/>
     ...
</categories>
```

## 9.4 Beschreibung der XSL-Datei

Im Abschnitt Gerüst eines XSL-Sylesheet haben wir gesehen, wie eine XSL-Datei konstruiert wird. Wir sehen dies hier in den Zeilen 1+2:

### Schritt 1: XSL-Gerüst

```
1<xsl:stylesheet xmlns:xsl="http://www.w3.org/TR/WD-xsl">
2    <xsl:template match="/">
```

Anschließend werden die Tags angelegt, die ein HTML-Dokument immer haben sollte:

### Schritt 2: HTML-Gerüst

```
3    <HTML>
4      <HEAD>
5        <TITLE>Categories</TITLE>
```

### Schritt 3: CSS einbinden

Nun kommen wir zum ersten Bestandteil, den wir mit XSL erzeugen. Wir setzen die Eigenschaften eines HTML-LINK-Elements durch **xsl:attribute**-Anweisungen:

```
6       <LINK>
7         <xsl:attribute name="REL">stylesheet</xsl:attribute>
8         <xsl:attribute name="TYPE">text/css</xsl:attribute>
9         <xsl:attribute name="HREF">../../styles/standard.css</xsl:attribute>
10      </LINK>
```

Dadurch wird eine CSS-Datei in der HTML-Datei referenziert. Wir können dadurch in der XSL-Datei Formatierungen und Layout über die in dem CSS definierten Klassen vornehmen. Bei Bedarf können wir den Verweis auf die CSS-Datei dynamisch setzen. In der generierten HTML-Datei sieht das Ergebnis so aus:

```
<LINK REL="stylesheet" TYPE="text/css" HREF="../../styles/standard.css" />
```

## Schritt 4: Scripts für die Steuerung im Browser einbetten

Wie wir schon zuvor gesehen haben, schreibt der XSL-Prozessor alles, was nicht in XSL-Anweisungen verpackt ist, so in den Ergebnisstream, wie er es vorfindet. Dadurch können wir einfach innerhalb eines Script-Tags unsere Funktionen zur Ereignisbehandlung einbetten.

```
<SCRIPT TYPE="text/javascript" LANGUAGE="javascript" SRC="">
13         function setDescription(e) {
14            document.all.item("description").innerHTML=e.description;
15         }
16         function clearDescription() {
17            document.all.item("description").innerHTML="";
18         }
19      </SCRIPT>
```

Hier implementieren wir zunächst die Funktionalität, beim Bewegen der Maus über einem Button eine Beschreibung einzublenden.

## Schritt 5: Die Buttons erzeugen

Die Buttons werden in einer XSL-Schleifen-Anweisung erzeugt. Jeder Button entspricht dabei einem **Category**-Element der XML-Datei.

XML-Schleifen werden mit **<xsl:for-each>** eingeleitet. (Zeile 21)

Das Attribut **select="//category"** setzt einen Filter, hier sollen nur **category**-Elemente zurückgegeben werden.

Die Attribute des **category**-Elements werden mit **<xsl:value-of select ="@Attributname"/>** gelesen.

Der DIV-Container, der den Button enthalten soll, wird geöffnet.( Zeile 22)

Die **Class**-Eigenschaft des Containers wird gesetzt. Er wird so bei der Ausgabe nach den Anweisungen der Klasse **categoryListItem** formatiert. (Zeile 23)

In Zeile 24 wird die ID des Containers gesetzt, über die er später identifiziert werden kann.

In Zeile 25+26 werden die Ereignisbehandlungen für verschiedene Mausereignisse initialisiert:

`<xsl:attribute name="onmouseover">setDescription(this)</xsl:attribute>`

Schließlich wird der Inhalt des **name**-Attributs als Text des Buttons gesetzt.

```
21      <xsl:for-each select="//category">
22      <DIV>
23         <xsl:attribute name="class">categoryListItem
           </xsl:attribute>
24         <xsl:attribute name="ID"><xsl:value-of select="@id"/>
           </xsl:attribute>
25         <xsl:attribute name="onmouseover">setDescription(this)
           </xsl:attribute>
26         <xsl:attribute name="onmouseout">clearDescription()
           </xsl:attribute>
27            <xsl:attribute name="description">
28               <xsl:value-of select="@description"/>
29            </xsl:attribute>
30         <xsl:value-of select="@name"/>
31      </DIV>
```

Anschließend werden DIV-Container und XSL-Schleife geschlossen.

Am Fuß des Dokuments wird noch ein Container für das Einblenden der Beschreibung erzeugt.

Die generierte HTML-Datei:

```
<HTML>
<HEAD>
<TITLE>Categories</TITLE>
<LINK REL="stylesheet" TYPE="text/css" HREF="../../styles/
standard.css" />
</HEAD>
<SCRIPT TYPE="text/javascript" LANGUAGE="javascript" SRC="">
   function setDescription(e) {
   document.all.item("description").innerHTML=e.description;
   document.all.item("description").style.visibility="visible";
   }
   function clearDescription() {
   document.all.item("description").innerHTML="";
   document.all.item("description").style.visibility="hidden";
   }
```

```
</SCRIPT>
<BODY>
   <DIV class="categoryListItem"
      onmouseover="setDescription(this)"
      onmouseout="clearDescription()"
      ID=""
      description="Business Books">
      Business
   </DIV>
   <DIV class="categoryListItem"
      onmouseover="setDescription(this)"
      onmouseout="clearDescription()"
      ID=""
      description="Software Development">
      Software
   </DIV>
   <DIV class="description" ID="description" />
</BODY>
</HTML>
```

Das zugrundeliegende XSL-Stylesheet:

```
1 <xsl:stylesheet xmlns:xsl="http://www.w3.org/TR/WD-xsl">
2    <xsl:template match="/">
3    <HTML>
4       <HEAD>
5       <TITLE>Categories</TITLE>
6       <LINK>
7          <xsl:attribute name="REL">stylesheet</xsl:attribute>
8          <xsl:attribute name="TYPE">text/css</xsl:attribute>
9          <xsl:attribute name="HREF">standard.css</xsl:attribute>
10      </LINK>
11      </HEAD>
12      <SCRIPT TYPE="text/javascript" LANGUAGE="javascript" SRC="">
13         function setDescription(e) {
14         document.all.item("description").innerHTML=e.description;
15         }
16         function clearDescription() {
17         document.all.item("description").innerHTML="";
18         }
```

```
19      </SCRIPT>
20      <BODY>
21      <xsl:for-each select="//category">
22      <DIV>
23         <xsl:attribute name="class">categoryListItem
           </xsl:attribute>
24         <xsl:attribute name="onmouseover">setDescription(this)
           </xsl:attribute>
25         <xsl:attribute name="onmouseout">clearDescription()
           </xsl:attribute>
26         <xsl:attribute name="ID"><xsl:value-of select="@id"/>
           </xsl:attribute>
27            <xsl:attribute name="description">
28               <xsl:value-of select="@description"/>
29            </xsl:attribute>
30         <xsl:value-of select="@name"/>
31      </DIV>
32      </xsl:for-each>
33      <DIV>
34         <xsl:attribute name="class">description</xsl:attribute>
35         <xsl:attribute name="ID">description</xsl:attribute>
36      </DIV>
37      </BODY>
38   </HTML>
39   </xsl:template>
40</xsl:stylesheet>
```

Und hier die Elemente aus der CSS-Datei:

```
BODY
{
    BACKGROUND-COLOR: darkblue
}
.categoryListItem
{
    BORDER-BOTTOM: solid;
    BORDER-LEFT: solid;
    BORDER-RIGHT: solid;
    BORDER-TOP: solid;
    COLOR: white;
```

```css
    CURSOR: hand;
    FONT-FAMILY: Haettenschweiler, Arial;
    FONT-SIZE: 14pt;
    FONT-VARIANT: small-caps;
    FONT-WEIGHT: bolder;
    LETTER-SPACING: 4pt;
    LINE-HEIGHT: 20pt;
    MARGIN: 3px 2px;
    PADDING-BOTTOM: 3px;
    PADDING-LEFT: 3px;
    PADDING-RIGHT: 3px;
    PADDING-TOP: 3px;
    TEXT-DECORATION: overline
}
.description
{
    COLOR: white;
    FONT-FAMILY: Arial;
    FONT-SIZE: x-small;
    FONT-STYLE: italic;
    MARGIN: 3px;
    PADDING-BOTTOM: 3px;
    PADDING-LEFT: 3px;
    PADDING-RIGHT: 3px;
    PADDING-TOP: 3px
}
```

## 9.5 Erstellung der XML-Datei

Im vorangegangenen Beispiel haben wir die XML-Datei **Categories.xml** von der Buch-CD eingesetzt. Wir werden jetzt diese Datei weiter bearbeiten. Hierzu werden wir das **XmlStudio** einsetzen. **XmlStudio** ist eine XML- und XSL-Entwicklungsumgebung, die in einer Trial Version auf der Buch-CD verfügbar ist.

Wir werden den Kategorien neue Daten hinzufügen, die bei der Gestaltung der Web-Seite nützlich sein werden: Wir fügen zu jeder Kategorie einen Verweis auf eine Grafik hinzu. Später werden wir uns eingehender mit den XML-Daten der Anwendung befassen.

Wir öffnen jetzt die Datei unter **Step2/Categories.xml** über das Kontext-Menü aus dem Pfad, in dem Sie die Samples installiert haben. Wählen Sie dazu aus dem Kontext-Menü des Explorers den Eintrag Mit **xmlStudio öffnen**. (Wenn Sie die folgenden Schritte nicht nachvollziehen wollen, können Sie auch die Datei **Step2/Categories_C.xml** in **Step2/Categories.xml** kopieren und diesen Schritt überspringen.)

# 10 Erzeugen von Formularen

*In diesem Kapitel werden die aus der Datenbank gewonnenen XML-Daten in Formularform aufbereitet. Die Aufbereitung erfolgt serverseitig mittels ASP und XSL.*

## 10.1 Ziel des Beispiels

Das nachfolgende Beispiel beinhaltet einen lesenden Client auf die Tabelle **V_Documents** in der Beispieldatenbank **Documents.mdb** im Verzeichnis **Samples/Data**. Bei der zugrundeliegenden Tabelle handelt es sich um eine View, die bereits Katalog-Ids in ihre realen Werte übersetzt.

Man sollte grundsätzlich ein solches Vorgehen bei der Erstellung von lesenden Clients bevorzugen, wenn Formulare auf dem Webserver durch die Transformation von XML erzeugt werden. Somit entfällt ein nicht unbeträchtlicher Aufwand für das Erzeugen von Auswahlmechanismen der Katalogwerte und dem damit verbundenen Performanceverlust, wenn damit weitere Transformationen ausgeführt werden.

## 10.2 Kommunikation zwischen Client und Server

Da sich alle Tranformation auf dem Server abspielen, dient der Client nur als Initiator für Vorgänge, die serverseitig ausgeführt werden.

Der lesende Client in unserem Beispiel initiiert hierbei die Navigation auf den vom Anwender gewünschten Datensatz. In unserem Beispiel decken wir die Navigationen in die folgenden Richtungen ab.

- Erster Datensatz
- Vorheriger Datensatz
- Nächster Datensatz
- Letzter Datensatz

Im Fall von vorheriger bzw. nächster Datensatz ist für die Navigation ein Bezug zum derzeit aktuellen Datensatz notwendig. Somit muß in diesen Fällen neben der gewünschten Navigation auch der Key des aktuellen Datensatzes an den Server übertragen werden.

Sowohl die Richtung der Navigation als auch der Key des aktuellen Datensatzes werden über den Querystring des Aufrufs der für die Navigation zuständigen ASP-Seite zum Server transportiert. In diesem Beispiel ist hierfür die **aspFormNavigation.asp**-Seite zuständig.

## 10.3 Einsprung in die Seite

Als Einsprung in die zu erzeugende Seite dient die **aspFormLayout.asp**-Seite. Diese Dummy-Seite dient letztlich nur der Initialisierung der darzustellenden Seite mit dem ersten Datensatz.

Für den Einsprung in die Formulardarstellung reicht ein Aufruf der **aspFormLayout.asp**-Seite aus. Sie leitet die Anfrage über die **Redirect**-Methode des Response-Objekts an die **aspFormNavigation.asp**-Seite weiter.

```
Response.Redirect
("aspFormNavigation.asp?Direction=first&RecordId=0");
Reponse.End
```

Hierbei werden mit dem **QueryString** die Werte für die erste Navigation innerhalb der vorhandenen Datensätze übergeben. Da es zum Zeitpunkt des Einsprungs in die Formulardarstellung noch keinen aktuell dargestellten Datensatz gibt, wird die **RecordId** auf 0 gesetzt.

## 10.4 Erzeugen der XML-Daten für einen Datensatz

Das von uns zu erzeugende Formular repräsentiert nur einen Datensatz, weshalb auch nur der XML-Code für einen Datensatz erzeugt wird. Natürlich wäre es auch möglich, den gesamten Datenbestand der Tabelle **V_Documents** in XML abzubilden und den erhaltenen Code in eine Datei auf dem Server zu schreiben. Dies hätte Vorteile für die Performance, da nicht jedesmal eine Verbindung zur Datenbank erstellt werden müßte, allerdings würde man auch nur Daten zum Client liefern können, die der Aktualität der erzeugten Datei entsprächen. In diesem Beispiel erzeugen wir deshalb den XML-Code jeweils neu.

Die Verbindung zur Datenbank und die Erzeugung von XML-Code, der für eine Transformation mittels XSL brauchbar ist, wird durch den **xmlDbLayer** erzeugt. Dessen Funktionsweise ist im Kapitel »Erzeugen von XML aus Datenbanken« näher beschrieben.

Für die Erstellung des gewünschten XML-Codes, der der Navigation zugrunde liegt, wird die **aspFormNavigation.asp**-Seite genutzt. Sie wertet die im Querystring übertragenen Daten für die Navigation und den Key des aktuellen Datensatzes aus und erzeugt daraus die entsprechende Query für den gewünschten neuen Datensatz.

```
var Direction = Request.QueryString("Direction")
var RecordId = Request.QueryString("RecordId")
```

Mit der **QueryString**-Funktion des **Request**-Objekts können sie innerhalb der ASP-Seite die bei Aufruf der Seite übertragenen Parameter auslesen.

Bevor die daraus gewonnenen Informationen in eine Query für die Ermittlung des Keys des gewünschten Datensatzes umgesetzt werden können, wird eine Instanz der **xmlDbLayer**-Komponente erzeugt.

```
var DSN = "xmlBook"
var xmlDbLayer = Server.CreateObject("xmlDbLayer.DbLayer")
var LoginResult = xmlDbLayer.Login("","",DSN)
if (LoginResult != 0)
{
   Response.Write ("Database Connection Failed (" + LoginResult + ")")
```

```
   Response.End
}
```

Für den Fall, daß an dieser Stelle ein Fehler auftritt, wird dem Response-Objekt eine Fehlermeldung mit Fehlercode übergeben und die Antwort mit der **End**-Methode des **Response**-Objektes versendet. Die weitere Verarbeitung des auf der ASP-Seite enthaltenen Codes wird damit auch beendet.

Die für den Key des gewünschten Datensatzes notwendige Query wird aufgrund des Wertes in der Variable **Direction** erzeugt.

```
var NewKey = ""
var Query = ""
if (Direction != "goto")
{
   if (Direction == "first")
   {
      Query = "SELECT Min(pkDocId) AS NewpkDocId FROM V_Documents"
   }
   if (Direction == "previous")
   {
      Query = "SELECT Max(pkDocId) AS NewpkDocId FROM V_Documents
WHERE pkDocId<" + RecordId
   }
   if (Direction == "next")
   {
      Query = "SELECT Min(pkDocId) AS NewpkDocId FROM V_Documents
WHERE pkDocId>" + RecordId
   }
   if (Direction == "last")
   {
      Query = "SELECT Max(pkDocId) AS NewpkDocId FROM V_Documents"
   }
   if (Query == "")
   {
      Response.Write ("Unhandled Direction: " + Direction)
      Response.End
   }
```

Neben den schon angesprochenen Navigationsmöglichkeiten

- first – erster Datensatz
- previous – vorheriger Datensatz
- next – nächster Datensatz
- last – letzter Datensatz

erfolgt zuvor noch eine Prüfung auf den Wert **goto**. Dieser führt eine explizite Navigation zu einem Datensatz aus, die für die Navigation innerhalb des Formulars keine Bedeutung hat. Die **goto**-Navigation wird im Kapitel »Erzeugen von Ergebnislisten« näher beschrieben.

Sollte der Wert keiner der möglichen Navigationformen entsprechen, so wird eine Fehlermeldung incl. der Bezeichnung der gewünschten Navigation zum Client gesendet und die Verarbeitung auf der ASP-Seite abgebrochen.

```
var NewKeyResultset = xmlDbLayer.CreateDBResultset()
NewKeyResultset.FetchXMLDoc(Query)
var NewKeyDoc = NewKeyResultset.xmlDoc
var NewKeyNode = NewKeyDoc.xmlDocument.selectSingleNode("//
field[@name='NewpkDocId']");
   NewKey = NewKeyNode.text
   }
   if (NewKey=="")
   {
      NewKey = RecordId
   }
```

Für die Ausführung der bestimmten Query erzeugen wir mit der **CreateDBResultset**-Methode des **xmlDbLayer**-Objekts ein **DBResultset**-Objekt, dessen **FetchXMLDoc**-Methode die Query übergeben wird. Durch die **selectSingleNode**-Funktion des erhaltenen **DOMDocument**-Objekts und der Selectionsanweisung **//field[@name='NewpkDocId']** erhalten wir den Node, der den Key des angeforderten Datensatzes enthält.

Sollte Node keinen Key enthalten, so wird anstatt dessen der Wert der RecordId-Variable der **NewKey**-Variable zugewiesen. Dies hat zwei Gründe.

- Die ausgeführte Query lieferte kein Ergebnis zurück und somit auch keinen Key. Das ist der Fall, wenn der aktuelle Datensatz bereits der letzte Datensatz ist und die Navigationsanweisung **next** übergeben wurde bzw. es sich bei dem aktuellen Datensatz um den ersten Datensatz handelt und die übergebene Navigationsanweisung **previous** war.
- Sollte die Navigationsanweisung **goto** übergeben worden sein, so beinhaltet die **RecordId**-Variable bereits den Key des gewünschten Datensatzes.

In beiden Fällen wird der Datensatz, dessen Key dem Wert der RecordId-Variable entspricht, nun Grundlage der XML-Daten.

```
Query = "SELECT * FROM V_Documents WHERE pkDocId=" + NewKey
```

Aus dem nun bestimmten Key des gewünschten oder auch nicht gewünschten Datensatzes wird erneut eine Query erzeugt die nur den Datensatz mit dem entsprechenden Key zurückliefert.

```
var NewRecordResultset = xmlDbLayer.CreateDBResultset()
NewRecordResultset.FetchXMLDoc(Query)
var NewRecordDoc = NewRecordResultset.xmlDoc
```

Wie auch schon beim Bestimmen des Keys des gewünschten Datensatzes wird über die **CreateDBResultset**-Funktion des **xmlDbLayer**-Objekt, ein **DBResultset**-Objekt erzeugt. Die erstellte Query für den gewünschten Datensatz wird der **FetchXMLDoc**-Methode übergeben.

Das Objekt vom Typ **DBResultset** enthält nun das Recordset, das den von uns gewünschten Datensatz repräsentiert. Da alle Transformationen in unserem Beispiel durch eine generische ASP-Seite ausgeführt werden, müssen die im **DBResultset**-Objekt enthaltenen XML-Daten und das dazugehörige Stylesheet an diese Seite übergeben werden.

Problematisch ist in diesem Zusammenhang die Übertragung der XML-Daten. Das Stylesheet liegt in Form einer XSL-Datei vor, weshalb wir hier auch nur den relativen Pfad für diese Datei übergeben müssen.

Die einfachste Lösung für die Übertragung der XML-Daten wäre wohl die Übertragung des XML-Stream an die **TransformToStream.asp**-Seite. Dies würde auch ohne Probleme mit ein paar wenigen Veränderungen an der **TransformToStream.asp**-Seite funktionieren. Da die Länge des **Query**-Strings, der an eine ASP-Seite übertragen werden kann, aber in der Länge limitiert ist, würde man hier bei längeren XML-Streams schnell in den Fehler einer Längenüberschreitung laufen.

Aus diesem Grund werden die vom **DBResultset**-Objekt erzeugten XML-Streams im Unterverzeichnis TEMP in XML-Dateien gespeichert.

```
var Fso = Server.CreateObject("Scripting.FileSystemObject")
var TempfileShort =  "Temp/" + Fso.GetTempName();
var TempfileLong = Server.MapPath("../../" + TempfileShort + ".xml")
```

Für das Wegschreiben der XML-Datei wird eine Instanz des **FileSystem-Object**-Objekts (FSO) der Microsoft Scripting Runtime genutzt. Hierüber erhalten wir auch einen eindeutigen Dateinamen für die zu erzeugende Datei. Der **TempfileShort**-Variable wird der relative Pfad vom Samples-Verzeichnis zur Datei zugewiesen. Hierbei wird mit der **GetTempName**-Funktion des **FileSystemObject**-Objekts der eindeutige Dateiname ermittelt. Der **TempfileLong**-Variable wird über die **MapPath**-Funktion des Server-Objekts der absolute Pfad, basierend auf dem relativen Pfad, für die Datei zugewiesen.

```
var Stream = Fso.CreateTextFile(TempfileLong)
Stream.Write(NewRecordDoc.XMLDocumentString)
Stream.Close()
```

Das eigentliche Wegschreiben der XML-Daten erfolgt über das **TextStream**-Objekt des **FileSystemObject**-Objekts. Ein **TextStream**-Objekt erhält man über die **CreateTextFile**-Funktion des **FileSytemObject**-Objekts, der als Parameter die **TempfileLong**-Variable übergeben wird.

Mit der **Write**-Methode des **TextStream**-Objekts werden die übergebenen XML-Daten aus dem **DBRecordset**-Objekt in die Datei geschrieben. Die **Close**-Methode des **TextStream**-Objekts schließt den Handle auf die geöffnete Datei.

```
Response.Redirect ("TransformToStream.asp?xmlFile=" +
TempfileShort + "&xslFile=Styles/aspFormLayout")
Response.End
```

Nachdem die XML-Daten in eine Datei geschrieben wurden, werden die Pfadangaben der XML-Datei und der XSL-Datei an die **TransformToStream.asp**-Seite übergeben, die der generische Transformator in den ASP-Beispielen ist.

Danach erfolgt mit der **End**-Methode des **Response**-Objekts die Beendigung der Scriptverarbeitung und die Sendung der im Response-Objekt enthaltenen Daten an den Client.

## 10.5 Die Transformation

Die **TransformToStream.asp**-Seite ist der generische Transformator innerhalb der ASP-Beispiele dieses Buches. Seine Funktionsweise ist detailliert im Kapitel »Erzeugen von HTML auf dem Webserver« erklärt.

## 10.6 Das Stylesheet fürs Formular

Die Layoutformatierung der erstellten HTML-Seite soll über ein Cascading Stylesheet erfolgen. Das hat neben dem Vorteil der einfacheren Verwaltung der Layoutformatierungen auch den Vorteil, daß der XSL-Code wesentlich übersichtlicher wird.

```
<LINK><xsl:attribute name="REL">stylesheet</xsl:attribute>
   <xsl:attribute name="TYPE">text/css</xsl:attribute>
   <xsl:attribute name="HREF">../../styles/docu.css</xsl:attribute>
</LINK>
```

Der obige XSL-Code erzeugt in der HTML-Ausgabe den Link auf das entsprechende Cascading Stylesheet.

```
<LINK REL="stylesheet" TYPE="text/css" HREF="../../styles/docu.css" />
```

Der Link, wie er durch die Transformation erzeugt wurde. Nachfolgend die aus der Transformation und der Anwendung des referenzierten Stylesheets resultierende Darstellung im Browser.

### 10.6.1 Darstellung der Daten

Da es sich bei der Zielsetztung für dieses Beispiel um ein rein lesendes Formular handelt, wurde auf die Erstellung eines Formulars im Sinne von HTML verzichtet. Dadurch entfällt das Erstellen von Eigabefeldern, Comboboxen etc. innerhalb der HTML-Seite.

Dargestellt werden die Daten eines Datensatzes innerhalb einer zweispaltigen Tabelle. Die Felddaten des Datensatzes liegen in der XML-Datei jeweils in Nodes vom Typ **field**. Da jeder Field-Node im Attribut **name** die Feldbezeichnung mit sich führt, können aus dieser Auflistung nicht nur Werte der Felder im Formular gewonnen werden, sondern auch die Feldbezeichnungen.

```xml
<?xml version='1.0' encoding='ISO-8859-1'?>
<datasets>
<dataset>
<field name="pkDocId">1</field>
<field name="Name"><![CDATA[aspExamples.asp]]></field>
<field name="Path"><![CDATA[CD\Samples\Asp\Admin]]></field>
<field name="Comment"><![CDATA[Shows Asp Examples]]></field>
<field name="Status"><![CDATA[in Progress]]></field>
<field name="Doctype"><![CDATA[Application]]></field>
<field name="Category"><![CDATA[ASP]]></field>
</dataset>
</datasets>
```

Durch die Beschränkung auf einen Datensatz in den XML-Daten kann man nun auf recht einfache Weise eine Tabelle mit den Inhalten der einzelnen field-Nodes erzeugen.

```
<TABLE>
<xsl:for-each select='//field'>
   <TR>
      <TD class="colrowHeader"><xsl:value-of select='@name'/></TD>
      <TD class="colrowContent"><xsl:value-of/></TD>
   </TR>
</xsl:for-each>
</TABLE>
```

Mit einer for-each-Anweisung und dem Pattern **//field** werden alle Nodes vom Typ **field** im XML-Stream durchlaufen. Bevor dies geschieht, wird mit dem HTML-Tag

<TABLE>

die Darstellung einer Tabelle initiiert und nach Beendigung der **for-each**-Schleife mit dem HTML-Tag

</TABLE>

abgeschlossen. Innerhalb der **for-each**-Schleife wird für jeden Node mit dem HTML-Tag

<TR>

eine Tablerow erzeugt und nachdem die Werte des **field-Nodes** eigefügt wurden mit

</TR>

abgeschlossen.

Die Werte jedes einzelnen **field-Nodes** werden in TD-Tags eingeschlossen.

<TD class="colrowHeader"><xsl:value-of select='@name'/></TD>

Der erste erzeugte TD-Tag enthält den Wert des name-Attributes des aktuellen Nodes innerhalb der **for-each**-Schleife. Diesen erhält man über die XSL-Anweisung **value-of** mit dem XPath-Ausdruck **@name** im **select**-Attribut.

<TD class="colrowContent"><xsl:value-of/></TD>

Der zweite erzeugte TD-Tag enthält den Wert des **field-Nodes** selbst. Folglich reicht hier die XSL-Anweisung **value-of** ohne tieferreichende **XPath**-Ausdrücke im **select**-Attribut aus.

Beiden **TB**-Tags wird für die Layoutformatierung über das **class**-Attribut der Verweis auf eine Klasse innerhalb des Cascading Stylesheet übergeben.

Das Resultat dieses Abschnitts sieht dann im Browser wie folgt aus.

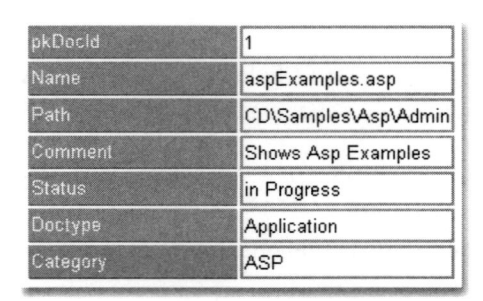

| pkDocId | 1 |
|---|---|
| Name | aspExamples.asp |
| Path | CD\Samples\Asp\Admin |
| Comment | Shows Asp Examples |
| Status | in Progress |
| Doctype | Application |
| Category | ASP |

**Abbildung 10.1**

## 10.6.2 Darstellung der Navigationsleiste

Für die Navigation innerhalb der vorhandenen Datensätze benötigt das Formular eine Navigationsleiste. Auch hier soll, wie schon bei der Formulartabelle die Layoutformatierung durch das Cascading Stylesheet erfolgen.

Die Navigationleiste soll mit ihrem Funktionsumfang die vier Navigationsformen innerhalb der Datensätze

- Erster Datensatz
- Vorheriger Datensatz
- Nächster Datensatz
- Letzter Datensatz

und einen Link zur Listenansicht aller Datensätze bereitstellen. Zu diesem Zweck wird unterhalb der Formulartabellen eine weitere Tabelle erzeugt, die eine Zeile und 5 Spalten enthält.

Die notwendigen Informationen für jede der Navigationsformen ist zum einen die Navigationsart bzw. die dafür vorgesehene Bezeichnung innerhalb der Webapplikation und zum anderen der Key des aktuellen Datensatzes.

Interne Bezeichnungen der Navigationsarten innerhalb der Datensätze:

- first – erster Datensatz
- previous – vorheriger Datensatz
- next – nächster Datensatz
- last – letzter Datensatz

Der XSL-Code für das Erzeugen der Navigationsleiste sieht wie folgt aus.

```
<TABLE>
  <TR>
    <TD class="formnavigationItem">
      <A><xsl:attribute name="href"><![CDATA[aspFormNavigation.asp?Direction=first&RecordId=]]><xsl:value-of select='//field[@name="pkDocId"]'/></xsl:attribute>
      <xsl:attribute name="target">content</xsl:attribute>
      erster Datensatz
      </A>
```

```
        </TD>
        <TD class="formnavigationItem">
            <A><xsl:attribute
name="href"><![CDATA[aspFormNavigation.asp?Direction=previous&Record
Id=]]><xsl:value-of select='//field[@name="pkDocId"]'/></
xsl:attribute>
            <xsl:attribute name="target">content</xsl:attribute>
            vorheriger Datensatz
            </A>
        </TD>
        <TD class="formnavigationItem">
            <A href="../Admin/aspListLayout.asp" target="content">
            alle Datensaetze
            </A>
        </TD>
        <TD class="formnavigationItem">
            <A><xsl:attribute
name="href"><![CDATA[aspFormNavigation.asp?Direction=next&RecordId=]
]><xsl:value-of select='//field[@name="pkDocId"]'/></xsl:attribute>
            <xsl:attribute name="target">content</xsl:attribute>
            naechster Datensatz
            </A>
        </TD>
        <TD class="formnavigationItem">
            <A><xsl:attribute
name="href"><![CDATA[aspFormNavigation.asp?Direction=last&RecordId=]
]><xsl:value-of select='//field[@name="pkDocId"]'/></xsl:attribute>
            <xsl:attribute name="target">content</xsl:attribute>
            letzter Datensatz
            </A>
        </TD>
    </TR>
</TABLE>
```

Die Navigation wird durch einen Link auf die **aspFormNavigation.asp**-Seite realisiert. Die hierfür benutzten **<A>**-Tags enthalten dafür die notwendigen Attribute; **href** für die Zieladresse des Links und target für den Namen des Frames, in dem die Zielseite dargestellt werden soll.

Jedes erzeugte **<TD>**-Tag enthält ein **class**-Attribut mit dem Namen der entsprechenden Klasse innerhalb des Cascading Stylesheet für die Layoutformatierung.

```
<TD class="formnavigationItem">
```

Innerhalb der **<TD>**-Tags wird jeweils ein **<A>**-Tag geöffnet, dem die notwendigen Informationen für das Ziel des Links und der Name des Zielframes übergeben werden.

Der Link auf die **aspFormNavigation.asp**-Seite enthält hierbei die entsprechenden Daten zur Navigation. Das umfaßt die Navigationsform und den Key des aktuellen Datensatzes.

Die für die Navigation notwendigen Daten werden in Form eines Querystrings an die Bezeichnung des Link-Ziels angehängt.

```
aspFormNavigation.asp?Direction=next&RecordId=1
```

So sieht folglich der Link auf die **aspFormNavigation.asp**-Seite aus, wenn die Navigation auf den nächsten Datensatz erfolgen soll und der Key des aktuellen Records 1 ist.

Der XSL-Code zum Erstellen eines solchen Links sieht wie folgt aus.

```
<A><xsl:attribute name="href"><![CDATA[aspFormNavigation.asp?Direction=next&RecordId=]]><xsl:value-of select='//field[@name="pkDocId"]'/></xsl:attribute>
```

Nachdem der **<A>**-Tag geöffnet ist, wird ihm über die XSL-Methode attribute das **href**-Attribut hinzugefügt. Das **href**-Attribut enthält die Zieladresse des Link und in diesem Fall den Querystring für die Navigation.

Die erste Hälfte der Zieladresse ist aufgrund ihrer Funktion statisch. Da in Querystring die verschiedenen Einträge durch ein **&**-Zeichen getrennt werden, muß dieser Text in einen **<![CDATA[]]>** eingebettet werden. Ansonsten würde das **&**-Zeichen als Beginn einer Entität erkannt, und das würde zu einem Fehler führen.

```
<![CDATA[aspFormNavigation.asp?Direction=next&RecordId=]]>
```

Was zum Vervollständigen des Querystrings noch fehlt, ist der Key des aktuellen Datensatzes. Der Key des Datensatzes entspricht in unserem Beispiel dem Wert im Feld **pkDocId**.

Da die XML-Daten nur einen Datensatz enthalten, kann somit auch nur ein field-Node mit dem Name **pkDocID** existieren. Den Wert dieses field-Nodes erhält man über die XSL-Methode **value-of**. Dabei wird durch einen **XPath**-Ausdruck im select-Attribut der gewünschte Node näher bestimmt.

```
<xsl:value-of select='//field[@name="pkDocId"]'/>
```

Der **XPath**-Ausdruck liefert aus allen im XML-Dokument enthaltenen **field-Nodes** den Node, der im name-Attribute den Wert **pkDocId** hat. Die XSL-Methode **value-of** liefert dann den Wert des Nodes selbst.

Die Zieladresse inclusive des Querystrings ist somit erstellt und der XSL-Node attribute kann geschlossen werden.

```
</xsl:attribute>
```

Zur Kompletierung des **<A>**-Tag fehlt nun noch das **target**-Attribut. Zielframe für die Darstellung der erzeugten HTML-Seite ist der **Frame content**. Das **target**-Attribut wird wiederum mittels des XSL-Nodes attribute hinzugefügt.

```
<xsl:attribute name="target">content</xsl:attribute>
```

Bevor das **<A>**-Tag geschlossen werden kann, wird ihm noch sein eigentlicher Wert übergeben.

```
naechster Datensatz
</A>
```

Innerhalb des Browsers stellt sich die Navigationsleiste inclusive der darauf angewandten Cascading Stylesheets wie folgt dar.

| erster Datensatz | vorheriger Datensatz | alle Datensaetze | naechster Datensatz | letzter Datensatz |
|---|---|---|---|---|

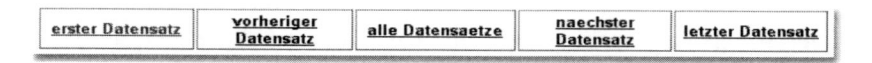

**Abbildung 10.2**

Der in der Navigationsbar enthaltene Link **alle Datensätze** bildet innerhalb des Stylesheet eine Ausnahme. Mit ihm ist keine Navigation im Formular verbunden.

```
<A href="../Admin/aspListLayout.asp" target="content">
alle Datensaetze
</A>
```

Seine Zieladresse ist die **aspListLayout.asp**-Seite, die alle Datensätze in einer tabellarischen Listenform darstellt. Da es sich hier um rein statische Information für die Ausführung des Link handelt, kann der Node schon jetzt vollständig erzeugt werden.

## 10.7 Bemerkung

Das hier dargestellte Bespiel sollte man nur als Wegweiser betrachten. Naturlich sind gerade im Bereich Performance hier gewaltige Steigerungen (Session-Variable etc.) möglich. Aber es geht hier ja nicht um eine **Highend**-Lösung, sondern um das praktische Anwenden des **xmlDbLayer** und um die Transformation durch XSL.

# 11 Erzeugen von Ergebnislisten

*In diesem Beispiel wird eine tabellarische Übersicht der bereits im Kapitel »Erzeugen von Formularen« genutzten Datensätze erzeugt. Diese soll dem Benutzer einen direkten Zugiff auf einzelne Datensätze ermöglichen.*

## 11.1 Anforderungen an das Beispiel

Wie schon im Kapitel »Erzeugen von Formularen« soll sowohl das Erzeugen der XML-Daten als auch die Transformation der XML-Daten auf dem Server ablaufen. Als Datenbasis dient auch hier wieder die **View V_Documents** in der Datenbank **Documents.mdb**, die uns bereits aufbereitete Daten liefert. Gemeint sind hiermit Felder, die Katalogwerte enthalten, welche innerhalb der View bereits in die Realwerte übersetzt wurden. Dies ist ohne weiteres möglich, da es sich bei einer Ergebnisliste nur um einen lesenden Zugriff handelt. Zudem kann mit diesem Vorgehen ein nicht unbeträchtlicher Aufwand innerhalb des Stylesheets umgangen werden, da ansonsten die Katalogwerte dort aufgelöst werden müßten.

## 11.2 Kommunikation zwischen Client und Server

Da sich sowohl die XML-Erzeugung als auch die Transformation der erzeugten Daten auf dem Server abspielt, dient der Client nur als Initiator.

Als Parameter für den Aufbau der Liste benötigt der Server den Spaltennamen, auf dem eine aufsteigende Sortierung ausgeführt werden soll.

## 11.3 Einsprung in die Seite

Der Einsprungpunkt für die **aspListOrderBy.asp**-Seite ist die **aspListLayout.asp**-Seite. Sie stellt eine Art Dummy-Seite für den initialisierenden Aufruf dar.

```
Response.Redirect ("aspListOrderBy.asp?OrderBy=pkDocId")
Response.End
```

Über die **Redirect**-Methode des **Response**-Objekts wird die Anfrage auf die **aspListOrderBy.asp**-Seite umgeleitet. Hierbei wird dem **OrderBy**-Parameter der Querystrom der Wert **pkDocId** zugewiesen. Hierdurch erscheint die Datensatzliste standardmäßig mit einer aufsteigenden Sortierung der Spalte **pkDocId**.

Über die **End**-Methode wird das Ergebnis zum Client versandt und die Verarbeitung innerhalb der ASP-Seite beendet.

## 11.4 Erzeugen der XML-Daten

Als Generator für das Erzeugen der XML-Daten wird die **xmlDbLayer**-Komponente verwendet. Der Aufruf der **xmlDbLayer**-Komponente erfolgt in der **aspListOrderBy.asp**-Seite.

Bevor die **xmlDbLayer**-Komponente initialisiert wird, wird aus dem übergebenen QueryString der Name der zu sortierenden Spalte ausgelesen und an die **OrderBy**-Variable übergeben.

```
var OrderBy = Request.QueryString("OrderBy")
```

Danach erfolgt die Initialisierung der **xmlDbLayer**-Komponenten. Sollte beim Aufruf der **Login**-Methode der **xmlDbLayer**-Komponente ein Fehler auftreten, so wird dem **Response**-Objekt eine Fehlermeldung incl. der Fehlernummer übergeben und die **End**-Methode des **Response**-Objekts aufgerufen. Durch den Aufruf der **End**-Methode erfolgt die Versendung der im **Response**-Objekt enthaltenen Daten zum Client und ein Abbruch der Verarbeitung innerhalb des Codes der ASP-Seite.

```
var DSN = "xmlBook"
var xmlDbLayer = Server.CreateObject("xmlDbLayer.DbLayer")
var LoginResult = xmlDbLayer.Login("","",DSN)
if (LoginResult != 0)
{
Response.Write ("Database Connection Failed (" + LoginResult + ")")
Response.End
}
```

Durch das Anfügen der Spaltenbezeichnung an den bereits bestehenden Select-Statement erfolgt die Komplettierung der Query incl. der Sortierungs-Klausel.

```
var Fso = Server.CreateObject("Scripting.FileSystemObject")
```

Für die Ausführung der Query wird die **CreadeDBResultset**-Funktion des **xmlDbLayer**-Objekts aufgerufen, die eine Instanz vom Objekttyp DBResultset zurückliefert. Der **FetchXMLDoc**-Methode des **DBResultset**-Objekts wird danach die Query übergeben.

```
var Resultset = xmlDbLayer.CreateDBResultset()
Resultset.FetchXMLDoc(Query)
var xmlDoc = Resultset.xmlDoc
```

Über die **xmlDoc**-Eigenschaft erhält man eine Instanz des **xmlDocument**-Objekts, das wiederum die aus der Query resultierenden Daten in die verschiedensten Formen exportieren kann.

Alle notwendigen XML-Daten liegen nun für die Transformation vor. Da alle Transformationen durch eine generische Transformations-Seite ausgeführt werden, müssen nun die gewonnenen XML-Daten und das entsprechende Stylesheet an diese Seite übergeben werden.

Problematisch ist in diesem Zusammenhang die Übertragung der XML-Daten. Das Stylesheet liegt in Form einer XSL-Datei vor, weshalb wir hier auch nur den relativen Pfad für diese Datei übergeben müssen.

Lösung für dieses Problem ist das temporäre Wegschreiben der XML-Daten in eine Datei. Natürlich könnte man auch einen XML-Stream über den Querystring an die **TransformToStream.asp**-Seite übergeben, allerdings würde dann die zulässige Länge des Querystrings überschritten und die Aktion mit einem Fehler abgebrochen.

```
var Fso = Server.CreateObject("Scripting.FileSystemObject")
var TempfileShort =  "Temp/" + Fso.GetTempName();
var TempfileLong = Server.MapPath("../../" + TempfileShort + ".xml")
```

Für das Wegschreiben der XML-Daten wird eine Instanz des **FileSystemObject**-Objekts erzeugt. Über dessen **GetTempName**-Funktion erhält man einen eindeutigen Dateinamen, der zusammengesetzt mit dem Verzeichnisnamen des temporären Verzeichnisses die später an **TransformToStrem.asp**-Seite zu übergebende Pfadinformation enthält. Das so erzeugte Pfadfragment wird an die **TempfileShort**-Variable übergeben. Danach wird der Inhalt der **TempfileShort**-Variable zum relativen Pfad komplettiert und über die **MapPath**-Funktion des Server-Objekts in einen absoluten Pfad umgewandelt und der **TempfileLong**-Variable zugewiesen.

```
var Stream = Fso.CreateTextFile(TempfileLong)
Stream.Write(xmlDoc.XMLDocumentString)
Stream.Close()
```

Mit der **CreateTextFile**-Funktion des **FileSystemObject**-Objekts erzeugt man eine Instanz des **TextStream**-Objekts, mit dessen **Write**-Methode wir in die erzeugte Datei schreiben. Der **Write**-Methode wird hierbei der Wert der **XMLDocumentString**-Eigenschaft des **XMLDocument**-Objekts übergeben. Danach wird der Handle auf die geöffnete Datei über die **Close**-Methode geschlossen.

Für die nun folgende Transformation der XML-Datei mittels XSL wird mit der **Redirect**-Methode des **Response**-Objekt die Ausgabe auf die **TransformToStream.asp**-Seite umgeleitet. Hierbei werden der **TransformToStream.asp**-Seite die Pfadinformationen für die XML- und XSL-Datei übergeben.

```
Response.Redirect ("TransformToStream.asp?xmlFile=" + TempfileShort
+ "&xslFile=Styles/aspListLayout")
Response.End
```

Abschließend wird mit der **End**-Methode des **Response**-Objekt der Inhalt des Response-Objekts zum Client versendet und die Verarbeitung auf der ASP-Seite beendet.

## 11.5 Die Transformation

Die **TransformToStream.asp**-Seite stellt in diesem Beispiel einen generischen Transformator dar. Die Funktionsweise dieser ASP-Seite ist detailliert im Kapitel »Erzeugen von HTML auf dem Webserver« erklärt.

## 11.6 Das Stylesheet für die Liste

Um innerhalb des Stylesheet den Code möglichst übersichtlich zu halten und um ein mögliches späteres Customizing zu erleichtern, werden Layoutformatierungen durch Cascading Stylesheets realisiert.

```
<LINK>
<xsl:attribute name="REL">stylesheet</xsl:attribute>
<xsl:attribute name="TYPE">text/css</xsl:attribute>
<xsl:attribute name="HREF">../../styles/docu.css</xsl:attribute>
</LINK>
```

Der hier aufgeführte XSL-Code erzeugt im resultierenden HTML-Code den Link auf das für die Layoutformatierung zuständige Cascading Stylesheet.

### 11.6.1 Erstellen der Spaltenköpfe

Die zu erstellenden Spaltenköpfe werden letztendlich in der Browseransicht wie folgt aussehen.

**Abbildung 11.1**

Besonderheit im Fall der Spaltenköpfe soll die Möglichkeit sein, die Inhalte in alphabetisch aufsteigender Reihenfolge zu sortieren. Dies soll durch einen Klick auf den Spaltennamen initiiert werden.

Die Sortierung der Daten erfolgt dabei auf dem Server, wo die entsprechenden Daten bereits sortiert von der Datenbank abgefragt werden. Hierfür wird hinter jeder Beschriftung innerhalb der Spaltenköpfe ein Link auf die **aspListOrderBy.asp**-Seite gelegt.

```
<TR>
<TD class="colrowHeader">
<A href="aspListOrderBy.asp?OrderBy=pkDocId" target="content">
```

```
pkDocId
</A>
</TD>
<TD class="colrowHeader">
<A href="aspListOrderBy.asp?OrderBy=Name" target="content">
Name
</A>
</TD>
<TD class="colrowHeader">
<A href="aspListOrderBy.asp?OrderBy=Path" target="content">
Path
</A>
</TD>
<TD class="colrowHeader">
<A href="aspListOrderBy.asp?OrderBy=Comment" target="content">
Comment
</A>
</TD>
<TD class="colrowHeader">
<A href="aspListOrderBy.asp?OrderBy=Status" target="content">
Status
</A>
</TD>
<TD class="colrowHeader">
<A href="aspListOrderBy.asp?OrderBy=Doctype" target="content">
Doctype
</A>
</TD>
<TD class="colrowHeader">
<A href="aspListOrderBy.asp?OrderBy=Category" target="content">
Category
</A>
</TD>
</TR>
```

Über das **OrderBy**-Feld innerhalb des Querystrings für die **aspListOrderBy.asp**-Seite wird der Spaltenname für die Sortierung übergeben. Dieser muß dem Spaltennamen innerhalb der Datenbank entsprechen.

Ziel für die aufgerufene **aspListOrderBy.asp**-Seite ist der Frame mit der Bezeichnung content.

Da sowohl die Beschriftung als auch die Inhalte des Querystrings statisch sind, ist das Erzeugen des dafür notwendigen HTML-Codes innerhalb des XSL-Codes recht simpel.

### 11.6.2 Erstellen der Datensatzzeilen

Die der darzustellenden Tabelle zugrundeliegenden Daten liegen durch die bei der Datenbankabfrage erstellte Sortierung bereits in der gewünschten Reihenfolge vor. Das reduziert den Aufwand für das Erstellen der einzelnen Datensatzzeilen im Stylesheet auf eine **for-each**-Schleife.

```
<xsl:for-each select='//dataset'>
<TR>
<TD class="colrowContent">
<A><xsl:attribute
name="href"><![CDATA[aspFormNavigation.asp?Direction=goto&RecordId=]
]><xsl:value-of select='field[@name="pkDocId"]'/></xsl:attribute>
<xsl:attribute name="target">content</xsl:attribute>
<xsl:value-of select='field[@name="pkDocId"]'/>
</A>
</TD>
<TD class="colrowContent">
<A><xsl:attribute
name="href"><![CDATA[aspFormNavigation.asp?Direction=goto&RecordId=]
]><xsl:value-of select='field[@name="pkDocId"]'/></xsl:attribute>
<xsl:attribute name="target">content</xsl:attribute>
<xsl:value-of select='field[@name="Name"]'/>
</A>
</TD>
<TD class="colrowContent">
<A><xsl:attribute
name="href"><![CDATA[aspFormNavigation.asp?Direction=goto&RecordId=]
]><xsl:value-of select='field[@name="pkDocId"]'/></xsl:attribute>
<xsl:attribute name="target">content</xsl:attribute>
<xsl:value-of select='field[@name="Path"]'/>
</A>
</TD>
```

```xml
<TD class="colrowContent">
<A><xsl:attribute name="href"><![CDATA[aspFormNavigation.asp?Direction=goto&RecordId=]]><xsl:value-of select='field[@name="pkDocId"]'/></xsl:attribute>
<xsl:attribute name="target">content</xsl:attribute>
<xsl:value-of select='field[@name="Comment"]'/>
</A>
</TD>
<TD class="colrowContent">
<A><xsl:attribute name="href"><![CDATA[aspFormNavigation.asp?Direction=goto&RecordId=]]><xsl:value-of select='field[@name="pkDocId"]'/></xsl:attribute>
<xsl:attribute name="target">content</xsl:attribute>
<xsl:value-of select='field[@name="Status"]'/>
</A>
</TD>
<TD class="colrowContent">
<A><xsl:attribute name="href"><![CDATA[aspFormNavigation.asp?Direction=goto&RecordId=]]><xsl:value-of select='field[@name="pkDocId"]'/></xsl:attribute>
<xsl:attribute name="target">content</xsl:attribute>
<xsl:value-of select='field[@name="Doctype"]'/>
</A>
</TD>
<TD class="colrowContent">
<A><xsl:attribute name="href"><![CDATA[aspFormNavigation.asp?Direction=goto&RecordId=]]><xsl:value-of select='field[@name="pkDocId"]'/></xsl:attribute>
<xsl:attribute name="target">content</xsl:attribute>
<xsl:value-of select='field[@name="Category"]'/>
</A>
</TD>
</TR>
</xsl:for-each>
```

Der aus diesem Stylesheetfragment enstehende HTML-Code stellt sich im Browser wie folgt dar.

| 1 | aspExamples.asp | CD\Samples\Asp\Admin | Shows Asp Examples | in Progress | Application | ASP |
| 2 | blank.asp | CD\Samples\Asp\Admin | Liefert leere HTML Seite | to be approved | Application | ASP |
| 3 | main.asp | CD\Samples\Asp\Admin | Liefert Haupt Frameset der Anwendung | to be approved | Application | ASP |
| 4 | menu.asp | CD\Samples\Asp\Admin | Erzeugt HauptMenu | to be approved | Application | ASP |
| 6 | showSource.asp | CD\Samples\Asp\Admin | Zeigt den Quellcode einer ASP Seite in einer TextArea an | to be approved | Application | ASP |
| 9 | specs.xml | CD\Samples\Data | Link Liste der W3CSpecs | to be approved | Application | Data |
| 12 | welcome.asp | CD\Samples\Asp\Admin | Zeigt Startseite an | to be approved | Application | ASP |
| 13 | welcome.xml | CD\Samples\Data | Startseite der Buch- | to be approved | Application | Data |

**Abbildung 11.2**

Als Besonderheit soll jede Datensatzzeile per Klick in die Formulardarstellung des entsprechenden Datensatzes wechseln. Hierfür würde bei jedem Feld innerhalb einer Datensatzzeile ein Link auf die **aspFormNavigation.asp**-Seite hinterlegt.

```
<A><xsl:attribute
name="href"><![CDATA[aspFormNavigation.asp?Direction=goto&RecordId=]
]><xsl:value-of select='field[@name="pkDocId"]'/></xsl:attribute>
```

Dem **<A>**-Tag wird über die **attribute**-Methode das **href**-Attribut für die Zieladresse des Links hinzugefügt. Sowohl der Name der Zielseite als auch die Navigationsform sind hierbei bekannt und können innerhalb des Stylesheets vorgegeben werden. Hierbei ist es aber notwendig, diesen in einen **<![CDATA[]]>**-Tag zu packen, da ansonsten das **&**-Zeichen als Entity interpretiert würde. Dies würde in diesem Fall zu einem Fehler führen.

Die für den zu übergebenden Querystring fehlende Key-Information des Datensatzes wird über die **value-of**-Methode aus dem entsprechenden **field-Node** gelesen. Die Bestimmung des hierfür notwendigen Nodes erfolgt über das **select**-Attribut mit dem Selektionskriterium

```
'field[@name="pkDocId"]'
```

Hierüber wird der **field**-Node mit dem Wert **pkDocId** im **name**-Attribut unterhalb des aktuell selektierten Nodes der **for-each**-Schleife selektiert.

```
<xsl:attribute name="target">content</xsl:attribute>
```

Ebenso wie das **href**-Attribut wird auch das **target**-Attribut mit der **attribute**-Methode dem **<A>**-Tag hinzugefügt.

```
<xsl:value-of select='field[@name="Category"]'/>
</A>
```

Bevor der **<A>**-Tag geschloßen wird, muß der Wert in das Feld der Datensatzzeile geschrieben werden. Dies geschieht wieder mit der value-of-Methode und einem Selektionskriterium im select-Attribut. Das hier verwendete Selektionskriterium arbeitet hierbei analog zu dem Selektionskriterium für das **href**-Attribut. Unterschiedlich ist nur der Wert innerhalb des name-Attributes.

## 11.7 Anmerkung zum Beispiel

Auch hier, wie schon im Kapitel »Erzeugen von Formularen«, ist es natürlich möglich, die Zugriffe auf die Datenbank bzw. das Sortieren der Datensätze (siehe Kapitel »XML im Browser«) anders zu lösen. Man sollte dieses Beispiel deshalb auch nur als einen Denkanstoß zum Erstellen einer solchen Webseite sehen.

# 12 NLS Unterstützung mit XML

*In diesem Kapitel werden Entity-Deklarationen vorgestellt, die in der Web-Entwicklung besonders nützlich sind. Sie beinhalten Character-Entities für die Darstellung in XML verbotener Zeichen, von Umlauten, von mathematischen, griechischen und grafischen Symbolen. In einem Projekt wird ein XML-Entity-Editor erstellt.*

## 12.1 Einsatz von Entities

Wir werden in diesem Kapitel eine kleine Anwendung entwickeln, mit der wir String-Ressourcen in einer XML-Datei pflegen können, und DTDs mit enthaltenen Entity-Deklarationen erstellen können. Der vollständige Source-Code ist auf der Buch-CD enthalten.

Wie bereits im vorangegangenen Kapitel »DTD und Schema« vorgestellt, sind Entities wiederverwertbare Elemente aus DTDs. HTML-Autoren sind Entities meist unbewußt geläufig, da sie für Sonderzeichen wie Umlaute eingesetzt werden (&Uuml; für ‚Ü'). Der Browser ist in der Lage, diese Entities aufzulösen, da sie in HTML-DTD enthalten sind. Diese muß allerdings nicht als externe Datei vorliegen, da Browser-Hersteller die DTD in den Code des Browser einbauen.

Da Entities nahezu beliebige Ressourcen repräsentieren können, sind sie für den Einsatz als Referenz auf diese Ressourcen geeignet. Ein Beispiel dafür ist eine Logo, oder ein Copyright-Verweis. Die jeweilige Ressource wird zentral verwaltet, und von Autoren in ihre Dateien eingebunden. Der Einsatz von Entities ist auch nützlich, um in XML reservierte Zeichen in der Ausgabe wiederzugeben, oder um diese in Scriptausdrücken zu verwenden

Unsere Entities müssen wir natürlich deklarieren. Dies kann direkt in der Datei, in der sie genutzt werden, geschehen:

```
<!DOCTYPE menuBar SYSTEM "menuBar.dtd" [
<!ENTITY copyright "copyright 1999 tarent GmbH">
]>
```

Entities können auch aus einer externen Datei geladen werden:

```
<!DOCTYPE stringList [
<!ENTITY % strRessource.dtd SYSTEM "strRessourceEN.dtd">
%strRessource.dtd;
<!ENTITY % stringList.dtd SYSTEM "strRessourceCheck.dtd">
%stringList.dtd;
]>
```

Im zweiten Beispiel werden zwei verschiedene DTDs zu der Datei hinzugefügt. Die erste enthält eine Reihe von **Entity**-Deklarationen, die zweite enthält die Dokumenttypdefinition der Datei. Die Syntax ist in beiden Fällen dieselbe. Der Parser löst die Verweise zur Laufzeit auf, und fügt den Inhalt der DTDs in die Datei ein. In der weiteren Verarbeitung kann nun die Datei gegen die Typdefinition validiert werden, und die **Entity**-Definitionen innerhalb der DTDs referenziert werden.

Wir werden in diesem Kapitel darstellen, wie **Entities** für die Unterstützung verschiedener Sprachen in einer Web-Anwendung eingesetzt werden können.

## 12.2 Entities als NLS-Werkzeug

Ein häufig auftretendes Problem bei Web-Anwendung ist, daß die zu visualisierenden Daten zwar in strukturierter Form vorliegen (Datenbanktabellen, XML ...), die zur Anwendung selbst gehörenden Daten wie Beschriftungen und dergleichen meist in den ASP-Scripts die die HTML-Seiten erzeugen, codiert sind. Dies erschwert die Umsetzung von mehrsprachigen Anwendungen (NLS=National Language Support). Übliche Modelle für die Realisierung sind die

- Verwaltung in Stringlisten
- Verwaltung in Datenbanktabellen.
- Verwaltung in Sessionvariablen
- Bereitstellung verschiedener Version für die unterschiedlichen Sprachen

Eine Alternative ist der Einsatz von DTDs mit String-Entities. Dabei wird jeder String über Entity-Referenz eingebunden. Für jede Sprache wird eine Entity-Datei erstellt. Zusätzlich benötigen wir eine XML-Datei, die alle benötigten Bezeichner für die Beschriftungen enthält, um Konsistenz der Sprachdateien zu prüfen.

Wir werden eine kleine Anwendung erstellen, die uns bei der Pflege der Sprachdateien unterstützen wird. Wir werden die Bezeichner in einer XML-Datei verwalten, und die für die Anwendung erforderlichen Entity-Dateien aus dieser Datei generieren

### 12.2.1 Aufbau des VB-Projekts

Die folgenden Leistungen werden von unserem Entity Generator erwartet

- Editor zur Bearbeitung einer XML Resource-Datei
- Erstellung von Entity-DTDs
- Erweiterbarkeit für beliebige Sprachen

Wir werden alle Funktionen zum Lesen und Bearbeiten der XML-Datei in einer Klasse **Generator.cls** kapseln. Diese enthält die Funktionsgruppen:

- Laden und Speichern
- Navigation

- DTD erstellen und speichern

In einem Formular **frmMain** werden wir plazieren:

- Kontrollelemente zum Editieren der XML-Datei
- ein Anzeigeelement zur Anzeige der DTD
- Buttons zum Auslösen der Navigation und Speicherfunktionen

Ansicht des Formulars:

entityGen

In der XML-Resourcedatei wollen wir einem Bezeichner mehrere sprachabhängige Beschriftungen zuordnen. Wir bilden dies durch ein Element **stringItem** ab, dessen die Eigenschaft **name** den Bezeichner des Element enthält:

```
<stringItem name="xmlspec"></stringItem>
```

Die sprachabhängige Beschriftung wird in **stringText**-Elementen verwaltet, die in die **stringItem**-Elmente eingebettet werden. Ein **stringItem** kann beliebige viele **stringText**-Elmente enthalten, also beliebig viele Sprachen unterstützen. Ein Attribute **lang** enthält den Sprachschlüssel, ein Attribut **caption** die Beschriftung selbst:

```
<stringItem name="xmlspec">
    <stringText lang="de" caption="XML Spezifikationen"/>
    <stringText lang="en" caption="XML Specifications"/>
</stringItem>
```

Ziel der Anwendung ist es, aus einem **stringText**-Element eine Entity zu erzeugen. Diese sähe im o.g. Beispiel für den Sprachschlüssel ‚de' so aus:

```
<!ENTITY xmlspec "XML Spezifikationen">
```

Das bedeutet, daß der Parser in einer XML-Datei, die die erzeugte Entity einbindet jede Zeichenfolge **&xmlspec;** mit **XML Spezifikationen** ersetzen wird. Dies Vorgehen ist viel praktischer als das gewohnte Laden aus Stringlisten, Datenbanken oder Ressource-Dateien, da ein Seitengestalter einfach benötigte Entities hinzufügen kann. Er kann dies zunächst lokal tun, und später in eine gemeinsame Entityverwaltung einpflegen, wie sie unser Beispielprojekt darstellt.

Wir werden alle **stringItem**-Elemente in ein **stringList**-Element einbetten, das die Wurzel unserer Resource-Datei darstellt. Zur einfacheren Verwaltung der Elemente führen wir noch ein languages-Auflistung und ein language Element ein, die beschreiben, welche Sprachen in der Resource-Datei enthalten sind

Die Struktur stellt sich dann so dar:

```
stringList ──┬── languages
             └── stringItem + ── stringText +
```

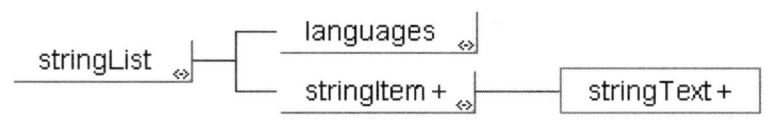

**Abbildung 12.1**

Als DTD notiert:

```
<!ELEMENT stringList (languages , stringItem+ )><!ELEMENT languages
(language+ )><!ELEMENT language EMPTY><!ATTLIST language  name CDATA
#REQUIRED               code CDATA  #REQUIRED ><!ELEMENT
stringItem  (stringText+ )><!ATTLIST stringItem  name CDATA
#REQUIRED ><!ELEMENT stringText EMPTY><!ATTLIST stringText  lang
(de | en )  #REQUIRED                 caption CDATA  #REQUIRED
>
```

## 12.2.2 Laden und Speichern der XML Resource-Datei

Das Laden der XML Resource-Datei wird in der Methode **LoadXML** der Generator-Klasse erledigt:

Die vollständige **LoadXML**-Methode im Überblick:

```
Public Function LoadXML(Filename As String) As Long
    'Loads the XML Resource File
    Dim pLanguages As MSXML.IXMLDOMNodeList
    Dim pNode As MSXML.IXMLDOMNode
    Dim i As Integer
    'CleanUp preceeding instances
    Reset
    'Create MSXML Document
    Set mXMLDoc = New MSXML.DOMDocument
    If Not mXMLDoc.Load(Filename) Then
        LoadXML = HandleError(Filename)
```

```
        Exit Function
    End If
    Set pLanguages = mXMLDoc.selectNodes("//languages/language")
    For i = 0 To pLanguages.length - 1
        Set pNode = pLanguages.Item(i)
        mLanguages.Add
pNode.Attributes.getNamedItem("code").nodeValue
    Next
    Refresh
End Function
```

Die Methode beginnt mit dem Laden der Datei:

```
.....Initialisierung und Deklarationen
    Set mXMLDoc = New MSXML.DOMDocument
  If Not mXMLDoc.Load(Filename) Then
      LoadXML = HandleError(Filename)
      Exit Function
  End If
```

Als nächstes ermitteln wir die unterstützten Sprachen und schreiben sie in eine VB-Collection **mLanguages**. Achtung: im folgenden Beispiel ist **pLanguages** ist keine Vb-Collection, sondern eine Auflistung vom Typ **MSXML.IXMLDOMNodeList**. Diese wird über die **SelectNodes**-Methode initialisiert. Die Pfadangabe **//languages/language** liefert die **language**-Elemente aus der Datei. Mit der Methode **getNamedItem** kann aus der **attributes**-Auflistung jedes Element aufgerufen werden. Sie liefert einen Attribut-Node, dessen Wert (nodeValue) wir in die Vb-Collection schreiben.

```
Set pLanguages = mXMLDoc.selectNodes("//languages/language")
    For i = 0 To pLanguages.length - 1
        Set pNode = pLanguages.Item(i)
        mLanguages.Add
pNode.Attributes.getNamedItem("code").nodeValue
    Next
```

Um die Zeichfolgen selbst zu laden genügt ebenfalls die Anwendung der **selectNodes**-Methode. Wir rufen sie in der **Refresh**-Methode der **Generator**-Klasse auf. Die Methode heißt **Refresh**, weil wir sie nach jeder Datenänderung aufrufen. Sie besteht nur aus einer Zeile, in der der ebenso die **SelectNodes**-Methode ausgeführt wird:

```
Public Sub Refresh()
    'Refreshes the AllItems Collection
    Set mAllItems = mXMLDoc.selectNodes("//stringItem")
End Sub
```

Das Speichern führen wir in der **Save**-Methode durch. Zur Vereinfachung gehen wir davon aus, daß nach jeder Änderung in die Datei gespeichert wird. Dies erspart uns hier die Implementierung eines Dirty-Handlers. Ebenso verwalten wir das aktuell ausgewählte Element in einer globalen Referenz.

```
Public Sub Save(EditForm As Form)
    Dim pNode As MSXML.IXMLDOMNode
    Set pNode = gGenerator.CurrentNode

    pNode.Attributes.getNamedItem("name").nodeValue = EditForm.txtName.Text

pNode.selectSingleNode("stringText[@lang='de']").Attributes.getNamedItem("caption").nodeValue = EditForm.txtCaptionDe.Text

pNode.selectSingleNode("stringText[@lang='en']").Attributes.getNamedItem("caption").nodeValue = EditForm.txtCaptionEn.Text
    pNode.ownerDocument.Save (pNode.ownerDocument.url)
End Sub
```

Wir laden uns zunächst das Attribut-Element ‚**name**' mit der **getNamedItem**-Methode der Attributes Auflistung. Sein Wert wird über die **nodeValue**-Eigenschaft gesetzt.

Anschließend positionieren wir auf die Sprachen innerhalb des **pNode**-Elements mit der Methode **selectSingleNode**. Im Pfadausdruck selektieren wir nach bestimmten Sprachkürzeln. Dieser Teil könnte in einer Erweiterung dieses Projekts natürlich dynamisch dargestellt werden.

## 12.2.3 Einfügen neuer Elemente

Um einen neuen String-Bezeichner zu erzeugen müssen wir ein neues Element in die XML-Datei einfügen. Wir erledigen dies in der **CreateNewNode**-Methode. Da wir sicherstellen müssen, das der Namen eines Elements in Bezug auf die Resource-Datei eindeutig ist, haben wir eine Methode erstellt, die uns nur ebensolche Namen zurückgibt. Dazu holen wir uns einen neuen Namen in einer **InputBox**, und versuchen dann ein Element mit diesem Namen aus der XML-Datei zu laden. Scheitert dies, ist der Name noch frei. Zugegebenermaßen nicht sehr elegant, aber wirkungsvoll. Der neue Name wird zurückgegeben, oder eine Meldung erzeugt und ein leerer String als Ergebnis zurückgeliefert.

```
Public Function GetNewNodeName() As String
    Dim pName As String
    Dim pTestnode As Object
    pName = InputBox("Neuer Name", "Neu")
    If pName = "" Then Exit Function
    Set pTestnode = gGenerator.XMLDoc.selectSingleNode("//
textItem[@name='" & pName & "']")
    If Not pTestnode Is Nothing Then
        MsgBox "Name bereits vergeben.", vbCritical
        Exit Function
    End If
    GetNewNodeName = pName
    Set pTestnode = Nothing
End Function
```

Nun können wir uns der der **CreateNewNode**-Methode widmen. Nach der bereitsgenannten Vorbereitung zur Erlangung eines Namens erzeugen wir das neue Element:

```
Set pNewNode = mXMLDoc.createNode(1, "stringItem", "")
```

Wir sehen hier, daß wir zuerst eine Element initialisieren, und es erst später in die Struktur einfügen können. Daher erzeugen wir an dieser Stelle direkt noch die Attribute:

```
Set pNewAttribute = mXMLDoc.createAttribute("name")
pNewAttribute.nodeValue = pName
pNewNode.Attributes.setNamedItem pNewAttribute
```

```
    For Each pLang In mLanguages
        CreateLanguageNode CStr(pLang), pNewNode
    Next
```

Zur besseren Übersichtlichkeit haben wir das Erzeugen der **Sub-Nodes** für die einzelnen Sprachen in eine eigene Methode ausgegliedert.

```
Private Sub CreateLanguageNode(Language As String, NewNode As
MSXML.IXMLDOMNode)
    Dim pNewAttribute As MSXML.IXMLDOMAttribute
    Dim pNewSubNode As MSXML.IXMLDOMNode
    Set pNewSubNode = XMLDoc.createNode(1, "stringText", "")
    Set pNewAttribute = XMLDoc.createAttribute("lang")
    pNewAttribute.nodeValue = "de"
    pNewSubNode.Attributes.setNamedItem pNewAttribute
    Set pNewAttribute = XMLDoc.createAttribute("caption")
    pNewSubNode.Attributes.setNamedItem pNewAttribute
    NewNode.appendChild pNewSubNode
End Sub
```

Diese Methode erhält als Parameter eine Referenz auf den neuen Eintrag, und das Sprachkürzel zur Initialisierung des Sprachnodes. Wie schon zuvor, wird ein Attribut mit der **setNamedItem**-Methode an die Attributes-Collection angehängt. Ähnlich wir ein neuer Node hinzugefügt: Die **appendChild**-Methode eines Elements hängt ein zuvor erzeugtes Objekt in die **childNodes**-Auflistung des Elements ein.

Abgeschlossen wird die Verarbeitung mit einem **Refresh**-Aufruf, den wir bereits erläutert haben. Hier nun die gesamte **CreateNewNode**-Methode:

```
Public Function CreateNewNode() As Long
    Dim pName As String, pLang As Variant
    Dim pNewNode As MSXML.IXMLDOMNode
    Dim pNewAttribute As MSXML.IXMLDOMAttribute
    Dim pNewSubNode As MSXML.IXMLDOMNode
    pName = GetNewNodeName()
    If pName = "" Then
        CreateNewNode = -1
        Exit Function
    End If
```

```
    Set pNewNode = mXMLDoc.createNode(1, "stringItem", "") 'NODE_
ELEMENT)
    Set pNewAttribute = mXMLDoc.createAttribute("name")
    pNewAttribute.nodeValue = pName
    pNewNode.Attributes.setNamedItem pNewAttribute
    For Each pLang In mLanguages
        CreateLanguageNode CStr(pLang), pNewNode
    Next
    CurrentNode.parentNode.appendChild pNewNode
    Refresh
```

### 12.2.4 Navigation in der Ressource-Datei

Die Navigation erfolgt über eine Index-Positionierung auf den Elementen der XML-Datei. Dafür müssen wir natürlich wissen, wie viele Elmente diue Datei enthält. Wir kapseln dieses Wissen in der **Count**-Eigenschaft unserer Klasse:

```
Public Property Get Count() As Integer
    Count = mAllItems.length
End Property
```

Den aktuell ausgewählten Index merken wir uns in einer Modulvariable, hier die Deklaration:

```
Private mCurrentIndex As Integer
```

Mit diesen Hilfen ausgerüstet können wir mit einfachen Mitteln in der Datei positionieren. Als kleines Extra liefern wir das aktuelle Element auch gleich mit zurück :

```
Public Function MoveFirst() As MSXML.IXMLDOMNode
    Set mCurrentNode = mAllItems.Item(0)
    Set MoveFirst = mCurrentNode
    mCurrentIndex = 0
End Function
```

Zum nächsten Element können wir auch mit der **nextNode**-Methode der **XMLNamedNodeMap**-Auflistung gelangen:

```
Public Function MoveNext() As MSXML.IXMLDOMNode
    If Not mCurrentIndex = Count - 1 Then
        Set mCurrentNode = mAllItems.nextNode
```

```
        mCurrentIndex = mCurrentIndex + 1
    End If
    Set MoveNext = mCurrentNode
End Function
```

Die korrespondierende **previousNode**-Methode gibt es allerdings nicht, daher benutzen wir hierfür wieder den Index. Beim reinen Vorwärtsblättern ist die **nextNode**-Methode schneller als die Index-Positionierung.

```
Public Function MovePrevious() As MSXML.IXMLDOMNode
    If Not mCurrentIndex = 0 Then
        mCurrentIndex = mCurrentIndex - 1
        Set mCurrentNode = mAllItems.Item(mCurrentIndex)
    End If
    Set MovePrevious = mCurrentNode
End Function
```

Schließlich können wir noch zum letzten Element springen, wiederum über den Index:

```
Public Function MoveLast() As MSXML.IXMLDOMNode
    Set mCurrentNode = mAllItems.Item(Count - 1)
    Set MoveLast = mCurrentNode
    mCurrentIndex = Count
End Function
```

### 12.2.5 Erzeugen der Entity-Datei

Der eigentliche Sinn und Zweck der Applikation ist die Erzeugung von DTDs, die die erforderlichen Entities deklarieren. Dafür benötigen wir die folgende **GetEntityList**-Methode, die den erforderlichen Text dafür erzeugt. Die Anwendung schreibt diesen in ein Textfeld, aus dem dieser dann gespeichert werden kann.

Die Erzeugung einer Entity ist eher schlicht:

```
 pList = "<!ENTITY " & pName & " " & Chr(34) & pValue & Chr(34) & ">"
```

Wobei einleuchtenderweise **pName** für den Referenznamen und **pValue** für den anzuwendenden Bezeichner stehen:

```
<!ENTITY xmlspec "XML Spezifikationen">
```

Die zu verarbeitenden Einträge in der XML-Datei werden in einer Liste verwaltet, die immer für genau eine Sprache initialisiert wird. Dies geschieht durch den Aufruf der **SetLanguage**-Methode. Die entscheidene Anweisung für die Auswahl ist:

```
Set mSelectedLanguageList = mXMLDoc.selectNodes("//
stringText[@lang='" & Language & "']")
```

Hier wird das im **Language**-Parameter übergebene Sprachkürzel als Filterausdruck verwendet. Die vollständige Methode:

```
Public Function SetLanguage(Language As String) As Long
    'Creates a collection containing all Entries for one Language
    Dim pLen As Integer
    On Error GoTo Err_Function
    If mXMLDoc Is Nothing Then Exit Function
    Set mSelectedLanguageList = mXMLDoc.selectNodes("//
stringText[@lang='" & Language & "']")
    pLen = mSelectedLanguageList.length
    If pLen = 0 Then
        SetLanguage = -1
    Else
        SetLanguage = 0
    End If
Exit_Function:
Exit Function
Err_Function:
    SetLanguage = Err.Number
    Resume Exit_Function
End Function
```

Da wir nach dem Aufruf von **SetLanguage** davon ausgehen können, nur Entitites einer Sprache zu erhalten, wenn wir die auf Modulebene deklarierte **mSelectedLanguageList** abfragen, könne wir nun die DTD erzeugen.

```
Public Function GetEntityList() As String
    Dim i As Integer, pNode As MSXML.IXMLDOMNode
    Dim pName As String, pValue As String
    Dim pList As String
    If mXMLDoc Is Nothing Then Exit Function
```

```
    i = mSelectedLanguageList.length
    For i = 0 To i - 1
        Set pNode = mSelectedLanguageList.Item(i)
        pName = pNode.parentNode.Attributes.getNamedItem("name").nodeValue
        pValue = pNode.Attributes.getNamedItem("caption").nodeValue
        If i = 0 Then
            pList = "<!ENTITY " & pName & " " & Chr(34) & pValue & Chr(34) & ">"
        Else
            pList = pList & vbCrLf & "<!ENTITY " & pName & " " & Chr(34) & pValue & Chr(34) & ">"
        End If
    Next
    GetEntityList = pList
End Function
```

Zum Abschluss unseres Beispiel möchten wir die DTD natürlich noch persistent machen. Die Methode **SaveDTD** erledigt für uns Auswahl der Sprache, Erzeugung der Entities und Schreiben in eine Datei:

```
Public Function SaveDTD(Language As String, Filename As String) As Long
    Dim pDTDText As String
    Dim pFSO As New Scripting.FileSystemObject
    Dim pStream As Scripting.TextStream
    On Error GoTo Err_Function
    If Language = "" Then Exit Function
    SetLanguage Language
    pDTDText = GetEntityList()
    Set pStream = pFSO.CreateTextFile(Filename)
    pStream.Write pDTDText
    pStream.Close

Exit_Function:
    Set pStream = Nothing
    Set pFSO = Nothing
Exit Function
```

## 12.3 Entity-Dateien

Abschließend werden in diesem Kapitel noch ein paar Entity-Deklarationen vorgestellt, die in der Web-Entwicklung besonders nützlich sind. Sie beinhalten **Character**-Entities für die Darstellung in XML verbotener Zeichen, von Umlauten, von mathematischen, griechischen und grafischen Symbolen. Häufig ist es sinnvoll, diese Entities in eigenen zu referenzieren. Die DTDs sind auf der Buch-CD enthalten.

| | |
|---|---|
| XMLlat1.dtd | Character Entities für XML. |
| XMLspecial.dtd | Spezielle Zeichen |
| XMLsymbol.dtd | Mathematische, Griechische und andere Symbole für HTML |

**Tabelle 12.1**

Im folgenden ein paar Beispiele verbreiteter Character Entities für die Web Darstellung von Dokumenten.

```
<!ENTITY nbsp   " "> <!-- no-break space> -->
<!ENTITY iexcl  "&#161;"> <!-- inverted exclamation mark-->
<!ENTITY cent   "&#162;"> <!-- cent -->
<!ENTITY pound  "&#163;"> <!-- pound -->
<!ENTITY curren "&#164;"> <!-- currency -->
<!ENTITY yen    "&#165;"> <!-- yen sign -->
<!ENTITY brvbar "&#166;"> <!-- broken bar -->
<!ENTITY sect   "&#167;"> <!-- section -->
<!ENTITY copy   »&#169;"> <!-- copyright > -->
```

# 13 XML im Browser

*In diesem Kapitel werden Techniken vorgestellt, die nur auf XML-fähigen Browsern dargestellt werden können. Die Beispielanwendung des Buchs verwendet ausschließlich serverseitiges XML.*

## 13.1 Welche Webbrowser kommen zum Einsatz?

### 13.1.1 XML im Netscape Navigator 5

Der Niedergang des einst dominierenden Netscape-Browsers dokumentiert sich an der XML-Unterstützung: es gibt nichts außer Ankündigungen. Es bleibt abzuwarten, wie diese Unterstützung aussieht, aber bei den Entwicklungszyklen von Netscape läßt die Bereitschaft der Entwickler zunehmend nach, Netscape-kompatible Webseiten zu entwickeln.

Für die Version 5 des Navigators hat Netscape die volle XML-Unterstützung angekündigt. Zum einem ist jedoch der Begriff ‚volle XML-Unterstützung' mit Vorsicht zu genießen, weil niemand weiß, was das bedeutet, zum anderen erscheint es zweifelhaft, ob der technische Vorsprung des Microsoft Internet Explorer 5 von Netscape noch aufgeholt werden kann.

Muß in einem Projekt der Netscape Navigator unterstützt werden, so bleibt Ihnen nur die serverseitige Verwendung von XML und XSL, um bereits transformierte HTML-Seiten zum Client zu senden. Die Anpassung an den Browser findet daher auf der Ebene XSL-Stylesheet statt und berücksichtigt hier die unterschiedlichen Eigenschaften in der HTML-Interpretation.

### 13.1.2 XML im Internet Explorer 5

Der Internet Explorer 5 unterstützt XML in der Version 1.0 und das XML Document Object Model (DOM) in den Formen, wie sie durch das W3C spezifiziert wurden.

Möglichkeiten des IE 5:

- Anzeigen von XML-Dokumenten
- Volle Unterstützung des W3C DTD-Standards
- In HTML eingebettetes XML
- Verknüpfen von XML-Daten mit HTML-Elementen
- Formatieren von XML durch XSL
- Formatieren von XML durch CSS
- Zugriff auf das XML DOM

**Anzeige von XML im Internet Explorer**

Bezüglich des Anzeigens von XML-Dokumenten verhält sich der IE5 ähnlich wie bei HTML-Dokumenten; XML-Dokumente können per HTTP oder durch Öffnen einer lokalen Datei geladen werden.

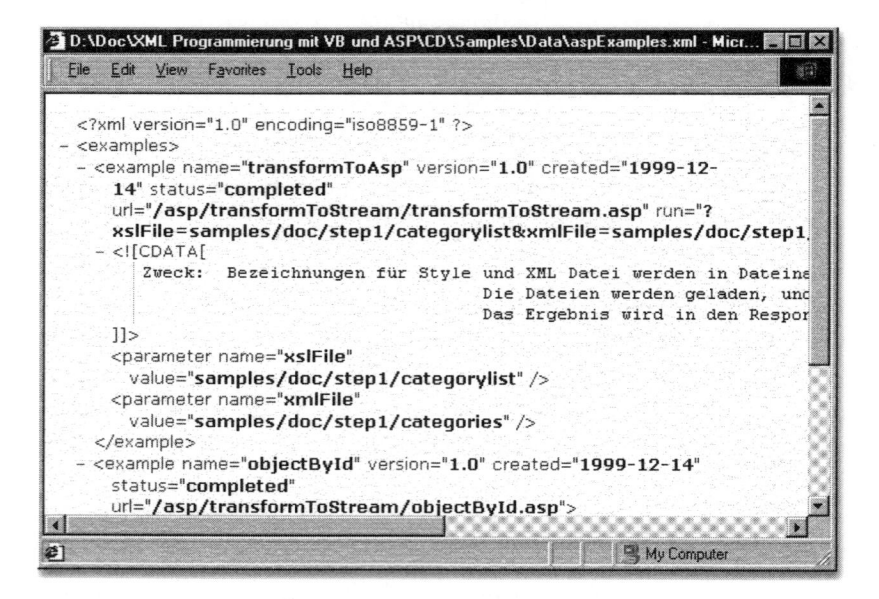

**Abbildung 13.1** XML-Datei im IE5 mit Standard-Stylesheet-Anzeige

Ein XML-Dokument wird im IE5 beginnend mit dem Wurzelelement in einer Baumstruktur dargestellt. Diese Anzeige wird mit XSL erzeugt. Es handelt sich hierbei um das Standard-Stylesheet des IE5, das angewendet wird, wenn kein eigenes XSL-Dokument im XML-Dokument referenziert wird. Das Standard-Stylesheet wird im Kapitel Transformation mit XSL-Stylesheets behandelt.

Besonders wichtig für den Entwickler ist das Verhalten des Microsoft Internet Explorer 5 im Verhältnis zur MS XML-Bibliothek. Der Microsoft Internet Explorer nutzt zwar auch den MS XML-Parser, hat aber Eigenheiten, so daß er nicht als Referenz dafür genutzt werden kann, ob z.B. eine XML-Datei in jedem IE5-Browser angezeigt werden kann. Dies bezieht sich auf die Ländereinstellungen des Microsoft Internet Explorer 5, die sich an der installierten Sprachversion orientieren. Ein englischsprachiger IE5 hat Probleme mit Umlauten, ein deutschsprachiger nicht, auch wenn die MS XML-Bibliothek identisch ist, die von beiden Versionen eingesetzt wird. Der Grund liegt schlicht im standardmäßig eingestellten Encoding des Browsers, das von der Sprachversion abhängig ist und sich dem Zugriff des Anwenders wie des Entwicklers entzieht. Die effektivste Lösung ist, immer das zu verwendende Encoding im XML-Dokument anzugeben.

### 13.1.3 Andere Browser

Es gibt eine Reihe von Browsern, deren Marktanteil sehr gering ist. Keiner ist uns aus diesem Segment bekannt, der eine breitflächige XML/XSL-Unterstützung bietet. Insoweit gilt hier das gleiche wie beim Netscape-Browser. Eine Ausnahme bieten nur die eher experimentiellen Implementierungen, die bestimmte XML-Sprachen unterstützen (zum Beispiel die MathML im W3C-Browser Amaya). Diese sind für die gängigen Anwendungszwecke jedoch nicht relevant. Also heißt heute XML im Browser de facto XML im Microsoft Internet Explorer 5.

### 13.1.4 Browserspezifische XML/XSL-Techniken

Nach den vorangegangenen Betrachtungen stellt sich natürlich die Frage, warum man sich überhaupt mit browserspezifischen XML/XSL-Techniken auseinandersetzen soll. Gründe dafür gibt es in reinen Microsoft-Landschaften, also beispielsweise in einem Microsoft-basierten Intranet: In Lösungen, wo der Einsatz des Microsoft Internet Explorers 5.x sowie die ActiveX-Unterstützung des Browsers sichergestellt ist, sind diese Techniken schon heute einsetzbar.

Auch wenn wir in unserer Webanwendung ausschließlich serverseitiges XML und XSL einsetzen, wird die zunehmende Verbreitung XML-fähiger Browser zukünfig auch erweiterte Möglichkeiten in der Verarbeitung von XML auf dem Client eröffnen. Daher gehen wir hier auf einige Möglichkeiten der clientseitigen Verarbeitung näher ein.

## 13.2 Navigation innerhalb einer XML-Datei

Clientseitig stehen im Internet Explorer 5 verschiedene Möglichkeiten der Navigation in XML-Dateien zur Verfügung. Nachfolgend stellen wir Ihnen diese Möglichkeiten anhand einer Spezifikationsverwaltung dar. Dabei wurden jeweils die Funktionen **First**, **Previous**, **Next** und **Last** in den Beispielen implementiert.

### 13.2.1 Navigieren mit dem Data Source Object

Das **Data Source Object** (DSO) stellt Ihnen die Möglichkeit zur Verfügung, auf strukturierte XML-Daten durch die Verwendung von Dynamic-HTML und dessen Möglichkeit der Datenverknüpfung zuzugreifen.

Durch die Verwendung des XML-Tags innerhalb des HTML-Codes können Sie über die Object-ID auf eine XML-Ressource zugreifen.

```
<xml src="specs.xml" id="xmldso" async="false"></xml>
```

Hierbei haben die übergebenen Attribute die folgenden Bedeutungen. Das src-Attribut beinhaltet den Pfad der XML-Datei, auf die zugegriffen werden soll, das Attribut id den Namen, über den Sie später auf die Ressource zugreifen, **async** bestimmt, wie der Ladevorgang erfolgen soll. Das **async**-Attribut sollte grundsätzlich auf **false** gesetzt werden, damit das Laden abgeschlossen ist, bevor die Darstellung des HTML-Codes erfolgt.

Der Zugriff auf die in der Ressource enthaltenen Daten erfolgt nun über die ID, die mit dem XML-Tag an den Parser übergeben wurde. In unserem Fall also über **xmldso**.

Nachfolgend ist ein solcher Zugriff am Beispiel einer **INPUT**-Box dargestellt. Da sich das DSO automatisch auf dem ersten enthaltenen Datensatz positioniert, bedarf es keiner manuellen Positionierung im **OnLoad**-Event des BODY-Tags.

```
<INPUT datasrc="#xmldso" datafld="name">
```

Über das **datasrc**-Attribut wird hier die XML-Ressource referenziert, die zuvor durch das XML-Tag angesprochen wurde. Achtung, hierbei wird die im XML-Tag angegebene ID mit einer vorangehenden Raute übergeben. Das Attribut **datafld** enthält den Namen des Feldes im aktuellen Datensatz, dessen Wert in der INPUT-Box dargestellt werden soll. Übergabe und Darstellung des im Feld enthaltenen Wertes erfolgt automatisch.

Die Navigation innerhalb der XML-Ressource erfolgt recht simpel. Über die Methoden **MoveFirst**, **MovePrevious**, **MoveNext** und **MoveLast** können Sie sich schrittweise bzw. sprunghaft durch die enthaltenen Datensätze bewegen. Nachfolgend die entsprechenden Code-Fragmentes um in der oben referenzierten XML-Ressource zu navigieren.

```
function movefirst()
{

    xmldso.recordset.movefirst();

}
```

Bewegt den Cursor zum ersten enthaltenen Datensatz innerhalb der XML-Datei.

```
function movelast()
{

    xmldso.recordset.movelast();

}
```

Bewegt den Cursor zum letzten enthaltenen Datensatz innerhalb der XML-Datei.

```
function movenext()
{

    if (xmldso.recordset.absoluteposition <
        xmldso.recordset.recordcount)
    {

    xmldso.recordset.movenext();

    }

}
```

Bewegt den Cursor zum nächsten enthaltenen Datensatz innerhalb der XML-Datei. Dabei wird zuvor geprüft, ob sich der Cursor noch nicht am Ende der Datensatzauflistung befindet.

```
function moveprevious()
{

   if (xmldso.recordset.absoluteposition > 1)
   {

      xmldso.recordset.moveprevious();

   }

}
```

Bewegt den Cursor zum vorherigen enthaltenen Datensatz innerhalb der XML-Datei. Dabei wird zuvor geprüft, ob sich der Cursor noch nicht am Anfang der Datensatzauflistung befindet.

Der Zugriff auf Feldinhalte innerhalb des aktuellen Datensatzes kann natürlich auch innerhalb des Scripts erfolgen. Über den folgenden Code wird ein bestimmtes Feld ausgelesen und dessen Inhalt an eine Variable übergeben.

```
var pUrl = xmldso.recordset.fields("urlLocal");
```

### 13.2.2 Navigieren mit dem Document Object Model

Da das DOM bezüglich DHTML (direkter Referenzierung von Feldern in Datensätzen) leider keine Möglichkeiten zur Verfügung stellt wie das DSO, müssen diese Funktionalitäten innerhalb des Script-Codes realisiert werden.

Allerdings gibt es hier zwei unterschiedliche Ansätze bezüglich der Darstellung der durch das DOM zugreifbaren Daten. Einerseits kann das Füllen eines Formulars auf dem Weg erfolgen, das auf die einzelnen Formularfelder innerhalb des HTML-Codes per ID zugegriffen wird, um sie mit Daten zu füllen. Andererseits ist es auch möglich, die Aufbereitung der Daten per XSL zu machen. Hierbei ist es allerdings notwendig, auf die DHTML-Möglichkeiten des Internet Explorers zurückzugreifen, wenn die Darstellung innerhalb einer Seite erfolgen soll.

Da beide Möglichkeiten ihre Berechtigung haben, werden nachfolgend beide an demselben Beispiel dargelegt.

Im ersten Schritt muß die XML-Datei geöffnet werden. Hierfür erstellen Sie eine Instance des **DOMDocument**-Objekts der **MS XML**-Library.

```
xmldoc = new ActiveXObject("MSXML.DOMDocument");
xmldoc.async = 0;
pRes = xmldoc.load(filename);
if (pRes == 0)
{
   alert(xmldoc.parseError.reason);
}
else
{
   movefirst();
}
```

Auch hierbei sei, wie schon bei anderen Kapitel darauf hingewiesen, die Eigenschaft **async** des **DOMDocument**-Objekts auf 0 (false) zu setzen, damit die XML-Datei vollständig geladen wird, bevor der nachfolgende Code ausgeführt wird. Um eventuell auftretende Fehler innerhalb des Ladevorgangs zu erkennen, wird der Rückgabewert der **load**-Methode auf 0 (false) überprüft, um gegebenenfalls die Fehlermeldung des parseError-Objekts auszugeben. Sollte kein Fehler auftreten, so erfolgt die Navigation zum ersten datenhaltenden Node mit der Methode **movefirst**.

Da sich innerhalb der geöffneten XML-Datei ein sehr einfach strukturierter Datenbestand befindet, stellt die Navigation keinen großen Aufwand dar.

```
function movefirst()
{

   var pRoot = xmldoc.documentElement;
   currentelement = pRoot.firstChild;
   idx = 1;
   showelement()

}
```

Über die **documentElement**-Eigenschaft des **DOMDocument**-Objekts greifen wir auf das Root-Element der XML-Datei zu. Hier können wir dann über die Methode **firstChild** auf den ersten enthaltenen Sub-Node zugreifen und der Variable **currentelement** zuweisen. Die Variable **idx** ist eine Hilfsvariable für den Index des aktuellen Nodes.

```
function movelast()
{

    var pRoot = xmldoc.documentElement;
    currentelement = pRoot.lastChild;
    idx = subelemetscount();
    showelement();

}
```

Die Methode **movelast** funktioniert weitestgehend analog zur Methode **movefirst**. Mit der Ausnahme, daß auf dem Root-Node der XML-Datei die Methode **lastChild** für den letzten enthaltenen Sub-Node aufgerufen wird und die Hilfsvariable **idx** ihren Wert von der Funktion **subelementscount** bekommt.

```
function subelemetscount()
{

    var pRoot = xmldoc.documentElement;
    var pChilds = pRoot.childNodes;
    return pChilds.length;

}
```

**subelementscount** liefert die Anzahl der unter dem Rootnode enthaltenen Sub-Nodes. Hierfür fragen wir die **length**-Eigenschaft der **childNodes**-Auflistung des Rootnodes ab.

```
function movenext()
{

    currentelement = currentelement.nextSibling;
    ++idx;
    if (currentelement == null)
```

```
   {
      movelast();
   }
   else
   {
      showelement()
   }

}
```

In der **movenext**-Methode wird über die **nextSibling**-Funktion der **currentelement**-Variable der nachfolgende Node derselben Hierarchiestufe innerhalb der XML-Datei zugewiesen. Danach erfolgt eine Prüfung der currentelement-Variable gegen null. Trifft dies zu, so waren wir bereits auf dem letzten Node dieser Hierarchiestufe positioniert. Um dorthin wieder zurückzugelangen, rufen wir der Einfachheit halber die Methode **movelast** auf.

```
function moveprevious()
{

   currentelement = currentelement.previousSibling;
   --idx;
   if (currentelement == null)
   {
      movefirst();
   }
   else
   {
      showelement()
   }

}
```

Auch die **moveprevious**-Methode funktioniert analog zur **movenext**-Methode. Ausnahme hier ist die Zuweisung des neuen Nodes zur **currentelement**-Variable durch die **previousSibling**-Funktion.

Nun zu den vorhin angesprochenen zwei Möglichkeiten der Darstellung. Einmal gibt es die Zuweisung der Werte in Formfelder, die durch ihre ID angesprochen werden können.

```
function showelement()
{

    var pAttribute;
    var pAttributes = currentelement.attributes;

    inpindex.value = idx;

    pAttribute = pAttributes.getNamedItem("name");
    if (pAttribute != null)
    {
        inpname.value = pAttribute.value;
    }
    else
    {
        inpname.value = ""
    }

    pAttribute = pAttributes.getNamedItem("version");
    if (pAttribute != null)
    {
        inpversion.value = pAttribute.value;
    }
    else
    {
        inpversion.value = ""
    }

    pAttribute = pAttributes.getNamedItem("created");
    if (pAttribute != null)
    {
        inpcreated.value = pAttribute.value;
    }
    else
    {
```

```
      inpcreated.value = ""
   }

   pAttribute = pAttributes.getNamedItem("status");
   if (pAttribute != null)
   {
      inpstatus.value = pAttribute.value;
   }
   else
   {
      inpstatus.value = ""
   }

}
```

Was hierbei schnell sichtbar wird, ist der enorme Codieraufwand für den Zugriff auf die Attribute des aktuellen Node. Dem entgegen steht ein bescheidener Aufwand bei der Darstellung durch XSL.

```
function showelement()
{

   var pEntry = document.all.item("dynamic");
   if(pEntry == null)
   {
      alert("name not found")
   }

   var pHtml = transformelement(currentelement);
   var pTable = "<TABLE style='HEIGHT: 94px; WIDTH:
501px'><TR><td bgcolor='silver' style='HEIGHT: 25px; WIDTH:
160px'>Index</td><TD>" + idx + "</TD></TR>" + pHtml + "</TABLE>"

   pEntry.innerHTML = pTable;

}
```

Wichtigste Stelle im vorangehenden Code-Beispiel ist der Aufruf der **transformelement**-Funktion. Sie liefert das Ergebnis der Transformation des übergebenen Nodes zurück. In unserem Fall ist das der aktuell selektierte Node.

```
function transformelement(element)
{

   if (xsldoc == null)
   {
      var location;
      var filename;
      var pRes;

      location = unescape(document.location);
      filename = location.substr(8,(location.lastIndexOf("/")-8)) + "/record.xsl";

      xsldoc = new ActiveXObject("MSXML.DOMDocument");
      xsldoc.async = 0;
      pRes = xsldoc.load(filename);
      if (pRes == 0)
      {
         alert(xsldoc.parseError.reason);
      }
   }

   var pHtml = element.transformNode(xsldoc)
   if (pHtml == "")
   {
      pHtml = xsldoc.parseError.reason
   }

   return pHtml

}
```

Die **transformelement**-Funktion öffnet das für die Transformation benötigte Stylesheet über das DOM. Auch hier sollte nicht vergessen werden, die Eigenschaft async auf 0 (false) zu setzen. Die für das XSL-Dokumentobjekt vorgesehe Variable wird auf Null geprüft, damit sie nur ein einziges mal geladen wird und somit die Zeit für wiederholtes Laden eingespart werden kann.

Die Transformation selbst erfolgt über den Funktionsaufruf transformNode am übergebenen Elementobjekt. Als Parameter wird hierbei das zuvor geladene XSL-Dokument übergeben. Sollte die Funktion einen Leerstring zurückliefern, so kann das zwei Gründe haben.

- ▶ Es ist ein Fehler in der Transformation aufgetreten. Für diesen Fall prüfen wir die Variable **pHtml** gegen »«. Trifft dies zu, so liefern wir die Fehlerbeschreibung des parseError-Objektes zurück.
- ▶ Das angewendete Stylesheet liefert einen Leerstring zurück. Der Einfachheit halber holen wir uns in diesem Fall ebenfalls die Fehlerbeschreibung des **parseError**-Objekts. Diese wird allerdings auch nur einen Leerstring enthalten, was aber keinen Unterschied für den Rückgabewert der Funktion macht.

### 13.2.3 Navigieren mit dem Document Object Model und dem Unique Identifier

Neben der Möglichkeit, wie im vorangegangenen Beispiel durch das DOM zu navigieren, bietet der Microsoft-Parser des weiteren die Möglichkeit, Nodes über einen eindeutigen Identifikator anzusprechen. Dieser Mechanismus ist vergleichbar mit der Zuordnung von Schlüsseln in einer Auflistung. Allerdings können Sie über den Unique Indentificr im XML-Parser nicht nur Nodes innerhalb einer Hierarchiestufe direkt ansprechen, sondern alle im Dokument vorhandenen.

Für den Einsatz dieser Technik sind ein paar Vorbedingungen zu erfüllen.

Dem XML-Dokument muß eine DTD zugewiesen sein. Die Erklärung ist hierfür recht simpel. Über die Typ-Definition innerhalb der DTD wird einem Attribut die Eigenschaft ID zugewiesen. Siehe nachfolgendes Beispiel:

```
<!DOCTYPE specifications [
<!ELEMENT specifications  (spec+ )>
<!ELEMENT spec EMPTY>
<!ATTLIST spec  urlWeb   CDATA #REQUIRED
```

```
status   CDATA  #REQUIRED
urlLocal CDATA  #REQUIRED
specid   ID     #REQUIRED
version  CDATA  #REQUIRED
created  CDATA  #REQUIRED
name     CDATA  #REQUIRED >]>
```

Der Typ ID ist alphanumerisch, was bedeutet, daß wir nicht mit einer einfachen Numerierung auskommen. Sollten Sie es doch versuchen, so wird dies sofort durch den Parser erkannt, da das XML-Dokument nicht der DTD entspricht. Der Einfachheit halber empfiehlt es sich, die ID nach dem folgenden Format aufzubauen:

**ID = Nodename + fortlaufende Nummer**

Dieses einfache Format erfüllt seinen Zweck, zudem stellen die so erzeugten IDs eine gewisse Orientierungshilfe dar.

Grundlage für den Zugriff auf die als ID deklarierten Attribute ist die Funktion **nodeFromID**, die Sie am **DOMDocument**-Objekt finden. Als Parameter wird dieser Funktion die besagte ID übergeben. Sollte die von Ihnen übergebene ID nicht existieren, so liefert die Funktion null zurück. Andernfalls den von Ihnen gewünschten Node.

In dem auf der CD enthaltenen Beispiel navigieren wir aufgrund einer Liste von IDs, die innerhalb eines Array gehalten wird. Hierfür wird im **OnLoad-Event** des HTML-BODY die Methode **getids** aufgerufen, die die in der XML-Datei vorhandenen Nodes nach IDs durchläuft und diese in einem Array zusammenstellt.

```
function getids()
{
   var pChild;
   var pAttributes;
   var pAttribute;

   var pRoot = xmldoc.documentElement;
   var pChilds = pRoot.childNodes;

   for (var i = 0; i < pChilds.length; i++)
   {
```

```
            pChild = pChilds.item(i)
            pAttributes = pChild.attributes
            pAttribute = pAttributes.getNamedItem("specid")
            ids[i] = pAttribute.nodeValue
            pAttribute = null
        }
    }
```

Innerhalb der for-Schleife greifen wir über die **getNamedItem**-Funktion der **Attributes**-Auflistung auf die ID-Attribute zu, um deren Werte in ein Array zu übertragen.

Nachfolgend die Methoden für die Navigation über den Index des entsprechenden Eintrags im ID-Array.

```
function movefirst()
{
   showelement(1);
}

function movelast()
{
   showelement(ids.length);
}

function movenext()
{
   var pCurIdx = currentindex;
   if (++pCurIdx > ids.length)
   {
      movelast();
   }
   else
   {
      showelement(pCurIdx);
   }
}

function moveprevious()
{
```

```
      var pCurIdx = currentindex;
      if (--pCurIdx < 1)
      {
         movefirst();
      }
      else
      {
         showelement(pCurIdx);
      }
   }
```

Mit dem übergebenen Index wird in der **showelement**-Methode die entsprechende ID aus dem Array gelesen.

```
   function showelement(index)
   {
      var pId = ids[index - 1];
      var pElement = xmldoc.nodeFromID(pId);
      var pEntry = document.all.item("dynamic");
      if(pEntry == null)
      {
         alert("name not found")
      }

      var pHtml = transformelement(pElement);
      var pTable = "<TABLE style='HEIGHT: 94px; WIDTH:
501px'><TR><td bgcolor='silver' style='HEIGHT: 25px; WIDTH:
160px'>Index</td><TD>" + index + "</TD></TR>" + pHtml + "</TABLE>"

      pEntry.innerHTML = pTable;
      currentindex = index;
   }
```

Über die **nodeFromID**-Funktion und der Node-ID aus dem Array bekommen Sie den entsprechenden Node. Danach greifen wir wieder auf die v-Funktion zurück, die schon im vorangegangenen Kapitel ihre Anwendung fand.

Hier wird auch gleich klar, daß es auch bei dieser Navigationsart wieder zwei Möglichkeiten der Darstellung gibt.

## 13.3 Änderung der Sortierung in der Anzeige

Neben dem reinen Navigieren innerhalb von XML-Dateien kann über das DOM auch die Darstellung der in XML-Dateien enthaltenen Daten beeinflußt werden. Da die Darstellung nicht in der XML-Datei enthalten ist, sondern separat in der XSL-Datei, ist es möglich, diese dynamisch zu bearbeiten und so eine veränderte Darstellung der XML-Daten zu erzielen, ohne die Datei neu laden zu müssen.

Da XSL-Dateien der XML-Notation entsprechen, können diese über das DOM geladen und bearbeitet werden. Nachfolgend beschreiben wir diesen Vorgang an einem häufig benötigten Anwendungsfall für die dynamische Darstellung von Daten, der Umsortierung innerhalb einer Tabelle.

Kernstück dieses Beispiels ist die **sort**-Funktion. Ihr wird als einziger Parameter der Name des Attributes übergeben, nach dem die Tabelle sortiert werden soll.

```
function sort(key)
{

    var location;
    var filename;
    var pRes;

    if (xmldoc == null)
    {
       location = unescape(document.location);
       filename = location.substr(8,(location.lastIndexOf("/")-8)) + "/specs.xml";

       xmldoc = new ActiveXObject("MSXML.DOMDocument");
       xmldoc.async = 0;
       pRes = xmldoc.load(filename);
       if (pRes == 0)
       {
          alert(xmldoc.parseError.reason);
       }
    }
```

```
    if (xsldoc == null)
    {
       location = unescape(document.location);
       filename = location.substr(8,(location.lastIndexOf("/")-8))
+ "/records.xsl";

       xsldoc = new ActiveXObject("MSXML.DOMDocument");
       xsldoc.async = 0;
       pRes = xsldoc.load(filename);
       if (pRes == 0)
       {
          alert(xsldoc.parseError.reason);
       }
    }


    var pSortElement = xsldoc.selectSingleNode("//xsl:for-
each[@select='//specifications/spec']");
    var pAttributes = pSortElement.attributes;
    var pAttribute = pAttributes.getNamedItem("order-by");

    pAttribute.text = "@" + key;
    var pHtml = xmldoc.transformNode(xsldoc);

    var pTargetDoc = parent.specification.document

    pTargetDoc.clear();
    pTargetDoc.open();
    pTargetDoc.write(pHtml);
    pTargetDoc.close();


}
```

Bevor die Darstellung durch die Veränderung des **order-by**-Attributes beeinflußt werden kann, muß sowohl die XML- als auch die XSL-Datei über das DOM geladen werden.

Über die **selectSingleNode**-Funktion des **DOMDocument**-Objekts bekommen wir den für den Schleifendurchlauf verantwortlichen Node innerhalb des XSL-Dokuments geliefert. Dieser Node enthält im **order-by**-Attribut die Information für Sortierung. Nachfolgend die XSL-Datei mit dem angesprochenen Node.

```xml
<?xml version="1.0"?>
<xsl:stylesheet xmlns:xsl="http://www.w3.org/TR/WD-xsl"
xmlns="http://www.w3.org/TR/REC-html40">
   <xsl:template match="/">
      <TABLE style="WIDTH: 501px">
         <TR>
            <td bgcolor="silver" style="HEIGHT: 25px; WIDTH: 160px">Name</td>
            <td bgcolor="silver" style="HEIGHT: 25px; WIDTH: 160px">Version</td>
            <td bgcolor="silver" style="HEIGHT: 25px; WIDTH: 160px">Created</td>
            <td bgcolor="silver" style="HEIGHT: 25px; WIDTH: 160px">Status</td>
         </TR>
         **<xsl:for-each select="//specifications/spec" order-by="@version">**
            <TR>
               <TD><xsl:value-of select="@name"/></TD>
               <TD><xsl:value-of select="@version"/></TD>
               <TD><xsl:value-of select="@created"/></TD>
               <TD><xsl:value-of select="@status"/></TD>
            </TR>
         </xsl:for-each>
      </TABLE>
   </xsl:template>
</xsl:stylesheet>
```

Fett markiert der oben angesprochene Node mit dem zu verändernden Attribut.

Die **getNamedItem**-Funktion liefert uns hierfür das gewünschte Attribut, auf dem wir den Wert mit dem übergebenen Key überschreiben. Hier ist zu beachten, daß wir mit dem **order-by**-Attribut innerhalb der XML-Datei auf einen Attributwert zugreifen wollen und somit dem Key ein @ voranstellen müssen.

Danach können wir das bearbeitete XSL-Dokument an die **transformNode**-Funktion des XML-Dokuments übergeben, die uns den aus der Transformation resultierenden HTML-Code liefert.

Da es sich bei dem angeführten Beispiel um HTML-Seiten in einem Frameset handelt, schreiben wir den erzeugten HTML-Code direkt in einen der Subframes.

Der Aufruf der **sort**-Methode erfolgt über das **OnClick**-Ereignis verschiedener HTML-Buttons. Dabei steht jeder Button für die Sortierung einer Spalte.

```
<INPUT name=radname onclick="sort('name')" style="HEIGHT: 24px; WIDTH: 80px" type=button value=name>
<INPUT name=radversion onclick="sort('version')" style="HEIGHT: 24px; WIDTH: 80px" type=button value=version>
<INPUT name=radcreated onclick="sort('created')" style="HEIGHT: 24px; WIDTH: 80px" type=button value=created>
<INPUT name=radstatus onclick="sort('status')" style="HEIGHT: 24px; WIDTH: 80px" type=button value=status>
```

## 13.4 Ein paar abschließende Bemerkungen

Wir haben in diesem Kapitel einige Möglichkeiten kennengelernt, mit denen wir schnell darstellbare Erfolge mit XML erzielen können. Dieser Umstand soll aber nicht darüber hinwegtäuschen, daß die gezeigten Möglichkeiten nur in Microsofts XML-Welt funktionieren. Noch dazu führt der intensive Einsatz von Script- und Client-Technologien schnell dazu, daß die eigentlich natürlich gegebene Mehrschichtigkeit von Webanwendungen aufgeweicht wird.

# 14 XML-Tools & -Komponenten

*Genau so, wie sich die XML-Technologie sprunghaft verbreitet, wächst auch der Bestand an Tools und Komponenten, die Sie benutzen können.*

## 14.1 Übersicht

Es ist schwer, in einem so dynamischen Bereich Empfehlungen zu Softwaretools zu geben. Wir wollen dennoch eine Einstiegshilfe geben, und haben uns einiges an auf dem Markt verfügbaren Lösungen angesehen. Wir betrachten die verfügbaren Tools nach den Bereichen Editoren, Serverlösungen und Parser.

Als erster der großen Softwarehäuser hatte Microsoft die Möglichkeiten von XML erkannt, und seine wichtige Rolle in der Softwareentwicklung vorhergesehen. Daher war der MSXML-Parser schon 1998 verfügbar. Als erste XML-Lösung wurde die Channel-Technologie des Internet Explorers mit einer XML-Sprache ausgestattet: **CDF** (Channel Definition Format). Das Channel-Konzept hat sich, genauso wie die Push-Lösungen der Konkurrenz, zwar nicht sonderlich durchsetzen können (was uns als Konsument doch sehr befriedigt, zeigt es doch unsere Markt- und Gestaltungsmacht im Internet ...), daß Microsoft jedoch so früh einen offenen Standard verwendete, versetzte einige Teile der Fachwelt in Erstaunen. Was folgte war Microsofts bis heute andauerndes Bekenntnis zu XML. Waren jedoch die Abweichungen von der Spezifikation durch die frühe Veröffentlichung des MSXML-Parsers noch verständlich, so ist dies bei den bisher erschienenen Nachfolgeversionen des Parsers nicht mehr nachvollziehbar. Hinzu kommt, daß Microsoft die Entwickler mit immer weiteren Technology Previews des Parsers versorgt, die jedoch nicht produktiv eingesetzt werden dürfen, sondern nur zu Entwicklungszwecken verwendet werden können. Dieses Verhalten läßt erkennen, das Microsoft bemüht ist, Entwickler an sein XML-Verständnis zu binden.

Jenseits von Microsoft ist auffällig, wie viele Lösungen unter dem Marktdruck, überhaupt etwas zum Thema XML vorzuweisen zu haben, entstehen. Die Lösungen, die vom Konzept her durchgängig XML folgen, sind heute noch häufig in der SGML-Welt beheimatet (POET, Softsquad).

SGML-Anwendungen haben aber meist recht wenig mit dem Web zu tun, sondern sind eher im Bereich technische Dokumentation, Redaktionssysteme und ähnliches angesiedelt. Sicherlich wird hier über die Jahre einiges zusammenwachsen, aber XML zur Codierung dieser Dokumente einzusetzen macht keinen Sinn, und die Veröffentlicheung der Dokumente im Web ist eher ein Nebenaspekt gegebener Anwendungsfälle. Daher haben SGML-Lösungen heute noch wenig mit der XML-Welt zutun. Die Anbieter setzen jedoch ihre Erfahrungen ein, um SGML-Werkzeuge für den XML-Einsatz zu portieren.

Eine der wenigen Ausnahmen für ein Umdenken in der Softwarestrategie bietet die Software AG. Sie hat XML zur Firmenreligion gemacht. Traditionell stark im Datenbankbereich, und mit sehr großen Installationen im Markt präsent, versucht die Software AG XML in die Welt geschäftskritischer Anwendungen zu tragen.

Daneben gibt es eine Fülle von XML-Editoren, deren Nutzen nach der Anfängerphase eher zweifelhaft ist. Zumindest ist es fraglich, ob man Geld dafür ausgeben sollte, sofern man nicht eine echte Entwicklungsumgebung für XML-Anwendungen erhält. In der Regel werden XML-Daten nicht manuell in einem Editor erstellt, sondern aus Datenbanken oder Anwendungen generiert. Dem Einsteiger empfehlen wir daher zu allererst einen vernünftigen Texteditor wie TextPad oder UltraEdit oder ähnliches. Das reicht, um Text in spitze Klammern zu schreiben. Je tiefer die Auseinandersetzung mit XML geht, desto weniger Bedarf wird man nach einem XML-Editor haben.

Immer wichtigere Werkzeuge werden Schema und DTD-Editoren für den Bereich Softwareentwicklung, und hochentwickelte XML-Dokumentverarbeitungen für den Editor auf der anderen Seite, idealerweise zu Preisen die deutlich unter denen für SGML-Werkzeuge liegen. Schön wäre es, wenn es ein echtes XSL-Entwicklungstool gäbe, aber das dauert wohl noch. Einiges an Unterstützung bietet hier das tarent **xmlStudio**. Eine erste Anwendung, die den Namen XML-Entwicklungsumgebung verdient ist **eXcelon** von der gleichnamigen excelon Corporation.

Jeder Datenbanksystem-Hersteller muß heute die XML-Fähigkeit im Portfolio haben. Mehr als Exprotdienste werden in der Regel jedoch nicht geboten. Es macht dennoch Sinn, sich zuerst beim Hersteller zu informieren, bevor man beginnt, Datenbankinhalte selbst nach XML zu konvertieren.

Eine eigene Kategorie sind native XML-Server, die ihre Daten in XML speichern. Hier gibt es spezialisierte Produkte (POET), die bestimmte Marktnischen bedienen, und erste Standardsysteme, die sich als echte Alternative zu relationalen DBMS-Systemen anbieten.

Schließlich gibt es noch Serveranwendungen, die als Transformationsdrehscheibe in Business2Business-Anwendungen konzipiert wurden. Als Beispiele betrachten wir Microsofts **Biztalk** und POETs **eCatalog Suite**.

Ein rudimentärer, aber durchaus interessanter Ansatz ist die ISAPI-Erweiterung für den Microsoft Internet Information Server (IIS). Die Erweiterung dient zur Transformation von XML in HTML auf dem Webserver.

## 14.2 Parser

Es gibt Parser in den unterschiedlichsten Implementierungen, die Bandbreite reicht von Perl bis Python. Wir haben uns hier auf Parser beschränkt, für die eine COM-Schnittstelle bereitgestellt wird. Auf Java und C-basierte Parser gehen wir in unserem Buch **XML und Java** ein.

### 14.2.1 SAX Parser

SAX ist bisher noch kein offizieller Standard, sondern wurde von den Mitglieder der XML-DEV Mailing List entwickelt.

Da SAX in sehr vielen Parsern bereits implementiert ist, und eine wesentliche Hilfe besonders im Umgang mit sehr großen XML-Dokumenten darstellt, gehen wir trotzdem kurz darauf ein.

Sax-Parser sind event-basierte Parser. Dies bedeutet, daß ein Dokument nicht vollständig in eine Baustruktur geladen werden muss, bevor man Zugriff auf die Elemente des Dokuments hat. Beim Laden der XML-Ressource wird dagegen bei jedem Element ein Event auslöst.

Das bedeutet, daß dort wo, ein DOM-Parser ein Element in Form eines Objektes abbildet, ein SAX-Parser das Event **Elementstart** beim Erreichen und das Event **Elementende** beim Verlassen eines Elements auslöst. Wir veranschaulichen dies anhand des folgenden Beispieldokuments

```
<?xml version="1.0"?>
<test>
   <msg>Hallo Welt</msg>
</ test >
```

Die Eventfolge die Sax beim Durchlaufen dieses XML-Codes auslösen würde, sieht wie folgt aus.

```
start document
start element: test
start element: msg
characters: Hallo Welt
end element: msg
end element: test
end document
```

Vorteile hat dieser Parser, wenn es sich um große XML-Dokumente handelt. Es ist leicht sich vorzustellen, daß eine 20 MB große XML-Datei doch eine gewisse Zeit benötigt, wenn sie in einen Parser geladen wird, der daraus eine Objektstruktur erstellt. Der Microsoft Parser ist bisher außerstande, Dokumente dieser Größenordnung zu laden. Allerdings sind diese Dokumente ein heute noch spezieller Anwendungsfall für XML.

### 14.2.2 Microsoft XML-Parser

Der Microsoft XML-Parser stellte den ersten für das Windows-Betriebssystem frei verfügbaren Parser dar. Er entspricht in etwa der Version 1 der XML-Spezifikation des W3C und implementiert das XML-Document-Object-Model in der Version 1. Durch seine ActiveX-Schnittstelle ist er einfach zu implementieren. Für fast alle Entwickler, die Anwendungen für Windows entwickeln, stellt der MSXML-Parser den Einstieg in die XML-Welt dar. Wer sauberes XML schreiben möchte, sollte sich jedoch vor den Microsoft-spezifischen Erweiterungen hüten. Insbesondere betrifft dies die

- ▶ in der Microsft Dokumentation fälschlicherweise ständig als Schema bezeichnete Sprache XML-Data, die vom Rest der Software-Welt inklusive dem W3C inzwischen vollkommen ignoriert wird.
- ▶ Script-Erweiterungen zu XSL, die es inzwischen sogar gestatten, ActiveX Komponenten aus Stylesheets aufzurufen

Er unterstützt die Validierung von XML-Dokumenten gegen DTDs und XML-Schemas und die Transformation durch XSL.

### MSXML2 und MSXML3

Mit den »Prereleases« des XML-Parsers stellt Microsoft eine Weiterentwicklung ihres einzigen freigegebenen Parsers dem XML-Entwickler frei zur Verfügung.

Erweiterungen zur Version 1 finden sich

- ▶ im Bereich XSL Script
- ▶ der Implementierung von Xpath
- ▶ einem verbesserten XML-Schema-Support
- ▶ neuen Interfaces für die Transformation, Queries und Validierung
- ▶ dem Caching von Stylesheets, Queries und Schemas

Um durch die Installation des Parsers keine bereits existierenden Applikationen, die auf dem Parser in der Version 1 basieren, in ihrer Funktion zu stören, werden die Prereleases über andere Klassennamen angesprochen. Dadurch können sie parallel zur freigegebenen Version betrieben werden.

### 14.2.3 Xerces-C++ Parser

Der XERCES Parser ist im Zusammenhang mit dem Apache OpenSource Projekt entstanden.

### 14.2.4 Oracle XML Parser

Frei verfügbarer XML Parser, unterstützt Namespaces, DOM 1.0, SAX 1.0.

### 14.2.5 James Clark

James Clark ist der Editor der XSL-Spezifikation. Er hat eine grosse Zahl von Softwaretools in Java und C++ veröffentlicht, und zwar so viele, daß sich die Autoren nicht vorstellen können, wie er das wohl gemacht hat. Dennoch gelten durch seine Nähe zum W3C, seine Tools als eine Referenz für die Kompatibilität mit W3C-Spezifikationen.

## 14.3 Server

### 14.3.1 Microsoft BizTalk-Server

Der Microsoft BizTalk-Server dient als Mittler zwischen den verschiedensten Geschäftsanwendungen, auch über die Grenzen eines Unternehmens hinaus. Seine Aufgabe ist es hierbei, die Umsetzung des Outputs der einen Anwendung, in den Input der Anderen. Ein klassischer Anwendungsfall ist hierfür die Transformation exportierter Daten eines Altsystems in das Format der neu angeschafften Anwendung. Dabei liegt der Focus nicht nur auf der reinen Transformation der Daten, sondern auch auf einer regelbasierten Modifikation.

Eingehenden Daten wird auf Grund von Inbound-Rules ein bestimmter Modifikationsweg vorgegeben. Hierbei werden nicht nur die vorher bestimmten Mappings von Elementen des Quelldokuments auf ein entsprechendes Element des Zieldokuments aufgelöst, sondern auch definierte Modifikationen der Daten vorgenommen. So können z.B. die Werte von zwei Elementen des Quelldokuments addiert und dann in das Zieldokument übertragen werden. Neben den gerade angesprochenen Rechenoperationen ist es natürlich auch möglich, Modifikationen an alphanummerischen Werten vorzunehmen, ja sogar die Werte durch Methoden zu schleusen, die in einer Scriptsprache geschrieben wurden.

Genauso wie für eingehende Daten ein Regelwerk hinterlegt wird, ist dies natürlich auch für ausgehende Daten möglich. Über diese Outbound-Rules ist es möglich, das Logging von ausgehenden Daten zu bewerkstelligen oder einen parallel laufenden Arbeitsprozeß anzustoßen.

### 14.3.2 Poet eCatalog

Die POET eCatalog adressiert das Problem der unterschiedlichen Formate von Warenkatalogen und bietet hierfür den XML-basierten eCatalog-Server an. Es ist eine reine B2B-Anwendung, und bietet dem Softwareentwickler wenig Anreize.

### 14.3.3 Poet CMS

Die POET Content Management Suite ist eine flexible und erweiterbare Komplett-Lösung zur Verwaltung von Dokumenten. Strukturierte SGML- sowie XML-Dokumente können darüber hinaus auch auf Komponenten-

und Element-Ebene verwaltet werden. Die POET-Lösung bietet jetzt in der zweiten Version neben der Unterstützung von Mehrsprachigkeit auch die Wiederverwendung von Komponenten und die direkte Anbindung an verschiedene Autorensysteme. Für den Zugriff auf die Daten steht außerdem eine umfangreiche Programmierschnittstelle zur Verfügung. Zielrichtung des Produkts ist jedoch nicht XML, sondern SGML. Das sehr interessante Konzept virtueller Dokumente, die zur Laufzeit aus Dokumentfragmenten generiert werden, und die Fähigkeit, XML nativ zu verwalten, können in einigen Projekten sehr interessant sein.

### 14.3.4 Software AG Tamino

Tamino ist ein XML-basiertes Datenbanksystem. Die Software AG hatte vor längerer Zeit durch die Entwicklung der Sprache Natural Aufsehen erregt Es dient der Speicherung, Verwaltung und Verarbeitung von strukturierten und unstrukturierten Daten, wie sie oftmals im eBusiness anfallen.

Hierbei ist es sowohl auf Windows- und Windows-NT-System als auch auf Großrechnern und Unix-Systemen lauffähig.

### 14.3.5 SQL Server XML-Erweiterung

Microsoft bietet eine Erweiterung zum SQL-Server an, die in die Produktversion SQLServer 2000 integriert sein wird. Dadurch wird der SQL Server in die Lage versetzt, XML als Ergebnismenge zurückzugeben. Allerdings sprechen vor allem Sicherheitsaspekte gegen den Einsatz dieses Werkzeugs. Es ist leicht vorstellbar, daß die Öffnung eines Datenbankservers dahingehend, daß man Daten via http auslesen kann, nicht nur technische Implikationen hat.

### 14.3.6 ISAPI Erweiterung für den IIS

Die XML ISAPI-Erweiterung für den Microsoft Internet Information Server ermöglicht die Transformation von XML durch den Webserver. Dies hat bezüglich des Ressourcenverbrauchs einige Vorteile.

## 14.4 Editoren

### 14.4.1 Tarent xmlStudio

Das xmlStudio der Firma Tarent ist eine kombinierte Entwicklungsumgebung für XML und XSL. Der Focus des Editors liegt eindeutig auf der Benutzung durch den Entwickler. Neben umfassenden Referenzen für HTML, XML und XSL, die sie über die Applikation erreichen können, wurden spezielle Features für die Enwicklung von Webanwendungen implementiert. Hierzu zählt unter anderem die dynamische Zuordnung von XML-Dateien zu XSL-Dateien und umgekehrt für Transformationen. Hierdurch wird es dem Entwickler ermöglicht, innerhalb der Entwicklungsumgebung durch ändern der Referenz zwischen den beiden Dokumenttypen eine andere Darstellung der Daten zu erzeugen oder den Datenbestand zu wechseln.

### 14.4.2 Extensibility XMLAuthority

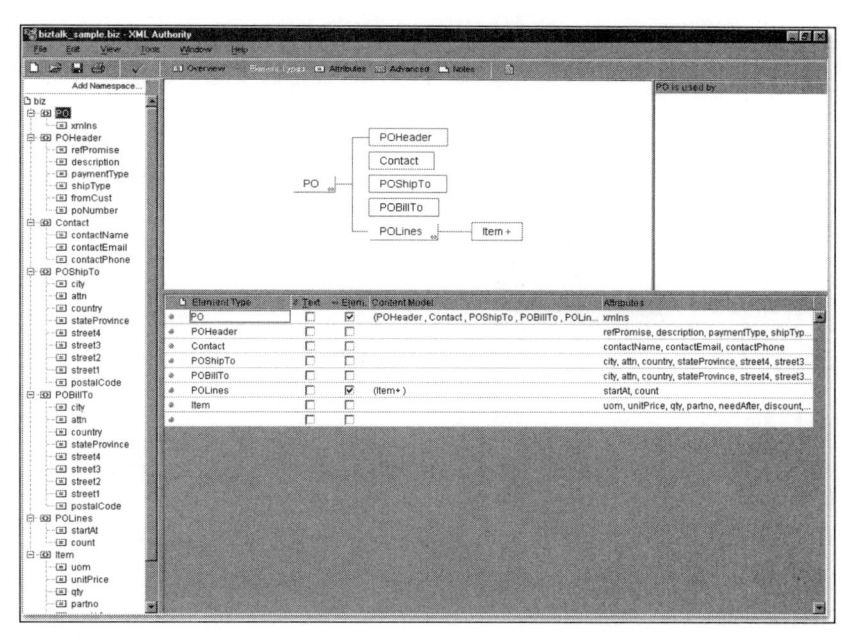

Abbildung 14.1

XMLAuthority stellt ein mächtiges Werkzeug für die Erstellung und das Bearbeiten vor DTDs und Schemata dar. Möglich ist das Ableiten einer DTD von einem XML-Dokument und umgekehrt das Erstellen eines XML-Dokuments, das den Anforderungen der DTD genügt. Für den Export von erstellten DTDs stehen die gängigsten Schemadialekte zur Verfügung.

Besonders sollte auch die Möglichkeit beachtet werden, auf Grund einer DTD die entsprechenden Zugriffsklassen für Java, ODBC, COM und LDAP.

### 14.4.3 Icon XMLSpy

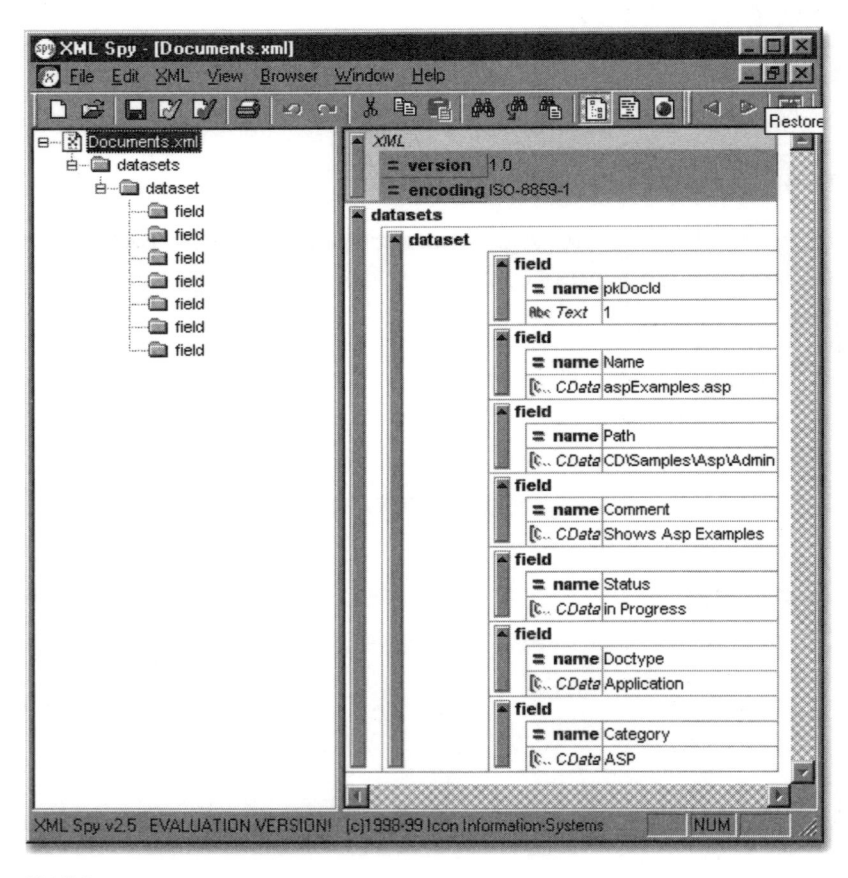

Abbildung 14.2

XMLSpy ist ein Editor für XML- und DTD-Dokumenten. Die herausstechende Eigenschaft dieses Editors ist eine erweiterte Datenansicht, die zwar innovativ aber gewöhnungsbedürftig ist. Das ist auch der Grund, warum sich an diesem Editor die Geister scheiden.

XMLSpy bietet als Goodie Encoding für die folgenden Formate an:

| Unicode | ISO-8859 | Single-Byte | CJK(DoubleByte) |
|---|---|---|---|
| UTF-7 | ISO-8859-1 (Latin-1) | US-ASCII | Shift-JIS (Japan) |
| UTF-8 | ISO-8859-2 (Latin-2) | US-EBCDIC | MS-Kanji (Japan) |
| UTF-16 | ISO-8859-3 (Latin-3) | TIC-620 (Thai) | ISO-2022-JP (Japan) |
| ISO-10646-UCS-2 | ISO-8859-4 (Latin-4) | | EUC-JP (Japan) |
| ISO-10646-UCS-4 | ISO-8859-5 (Cyrillic) | | EUC-KR (Korea) |
| | ISO-8859-6 (Arabic) | | GB2312 (China) |
| | ISO-8859-7 (Greek) | | Big5 (Taiwan) |
| | ISO-8859-8 (Hebrew) | | |
| | ISO-8859-9 (Latin-5) | | |
| | ISO-8859-11 (Thai) | | |
| | ISO-8859-14 (Latin-8) | | |
| | ISO-8859-15 (Latin-9) | | |

Tabelle 14.1

### 14.4.4 Microsoft XMLNotepad

Das XMLNotepad von Microsoft war der erste Editor, der den Microsoft-Parser implementierte. Für den Einstieg ist er erste Wahl, kommt allerdings schnell an seine Grenzen. Hauptgrund hierfür ist die umständliche Darstellung der Daten. Sein Vorteil: er kostet nichts.

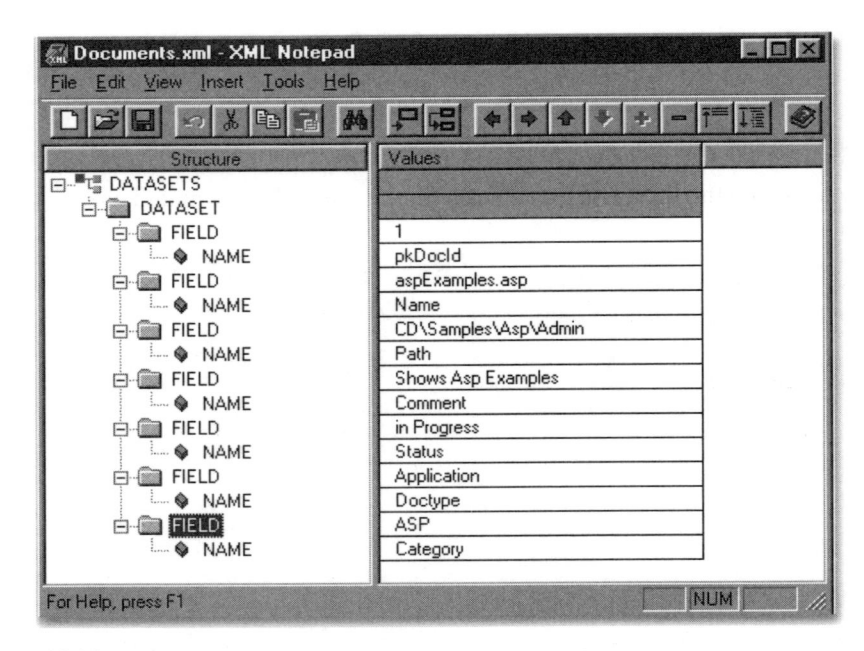

Abbildung 14.3

### 14.4.5 IBM XML Toolkit

Das IBM XML Toolkit ist eine javabasierte Toolsammlung für die Entwicklung von Application-Frameworks im Bereich e-Business. IBM bietet eine Sammlung von Tools, die fast jeden Bedarf abdecken: XSL-Editor, DTD-Editor, XML-Editor und einiges mehr. Das Toolkit ist java-basiert, und implementiert im Gegensatz zu den Microsoft-Produkten die W3C Standards zu XML. Es kann zur Zeit noch kostenlos heruntergeladen werden und ist sehr umfangreich. Für fortgeschrittene XML-Entwickler ist es eine Bereicherung. Besonders interessant ist das XML-Transformation-Tool, indem man auf Basis von DTDs zwei unterschiedliche Datenformate in XML-Dateien bis zur Attributebene mappen kann.

**Visual XML Query**

Dieses Tool unterstützt sie beim Erstellen von XML-Abfrageausdruck. Über ein grafisches Interface kann man XPath-Ausdrück erzeugen und daraus eine Ergebnismenge erzeugen.

**Visual XML Creation**

XML Creation bietet ihnen die Möglichkeit, auf Grund eines SQL-Statements ein XML-Dokument zu erzeugen. Über eine Datenbankverbindung und einer darauf ausgeführten Query wird eine Ergebnismenge erzeugt, die sie mittels verschiedenster Muster auf ein XML-Dokument mappen können.

Hinzu kommen Möglichkeiten, XSL-Dokumente für die Transformation der XML-Daten zu erstellen.

**Visual DTD**

Visual DTD bietet die Möglichkeit, DTDs zu erzeugen und zu bearbeiten. Hierbei können bestehende DTDs importiert und DTDs auf der Basis von existierenden XML-Dokumenten erzeugt werden. Es ist auch möglich, die DTDs auch im XML-Schemaformat des W3C zu speichern.

**Visual XML Transformation**

Mit Visual XML Transformation ist es ihnen möglich, XML zu XML Transformationen auszuführen. Dies wird oftmals dort benötigt, wo die enthaltenen Daten einfach nur in eine anderes XML-Format gebracht werden müssen. Das Werkzeug kann aufgrund von Mapping-Definitionen Dateien automatisch zwischen verschiedenen Formaten konvertieren.

# 15 XML-Dokumentationen und Quellen

*Da sich XML in den letzten Jahren so rasend schnell entwikkelt hat, ist es kaum möglich, ein Buch über dieses Thema zu verfassen, das sich auf dem aktuellsten Stand befindet. Aus diesem Grund finden Sie in diesem Kapitel eine Aufstellung interessanter Links auf Web-Seiten, die sich auch mit dem Themengebiet XML beschäftigen.*

## 15.1 ASP

▶ VBXML An ASP and VB developer's home for XML

http://www.vbxml.com/default.asp

## 15.2 DOM

▶ Web Workshop – A Beginner's Guide to the XML DOM

http://msdn.microsoft.com/xml/articles/beginner.asp

▶ Document Object Model (DOM) Level 2 Specification

http://www.w3.org/TR/1999/CR-DOM-Level-2-19991210/

## 15.3 DSSL

▶ Jade – James' DSSSL Engine

http://www.jclark.com/jade/

## 15.4 EDI

▶ Electronic Business XML (ebXML) Home Page

http://www.ebxml.org/

▶ Harbinger.net

http://www.harbinger.net/index.html

- Interim Report for CEN-ISSS XML-EDI Pilot Project

  http://www.cenorm.be/isss/workshop/ec/xmledi/Documents_99/xml001_99.htm

- UN-CEFACT – Facilitation of Procedures and Practices for Administration, Commerce and Transport

  http://www.unece.org/cefact/

## 15.5 JSP

- JSP tag libraries with XSL

  http://www.caucho.com/products/resin1.0/ref/xtp-jsp.html

## 15.6 Link Lists

- SELFHTML aktuell Links zu HTML-XML, CSS-XSL

  http://teamone.de/selfaktuell/links1.htm

- XML Links, by Adam Rifkin and Rohit Khare

  http://www.cs.caltech.edu/~adam/LOCAL/xml.html

## 15.7 Mailing Lists

- www.lists.ic.ac.uk-hypermail-xml-dev

  http://www.lists.ic.ac.uk/hypermail/xml-dev/

- TclXML Mailing List

  http://www.zveno.com/zm.cgi/in-tclxml/in-maillist.tml

## 15.8 Python

- SIG for XML Processing in Python

  http://www.python.org/sigs/xml-sig/

- The XML Bookmark Exchange Language

  http://www.python.org/topics/xml/xbel/docs/html/xbel.html

## 15.9 RDF

- www.w3.org-1999-02-22-rdf-syntax-ns

  http://www.w3.org/1999/02/22-rdf-syntax-ns#

- InstallAnywhere Web Installer

  http://smi-web.stanford.edu/projects/protege/protege-2000/install/release/install/install.htm

- Internet Alchemy Open Content Syndication

  http://internetalchemy.org/ocs/index.phtml

- RDF Made Easy

  http://www.ccil.org/~cowan/XML/RDF-made-easy.html

- Resource Description Framework (RDF) Model and Syntax Specification

  http://www.w3.org/TR/REC-rdf-syntax/

- Using Protege-2000 to edit RDF

  http://smi-web.stanford.edu/projects/protege/protege-rdf/protege-rdf.html

## 15.10 SAX

- SAX The Simple API for XML

  http://www.megginson.com/SAX/index.html

- SiRPAC

  http://www.w3.org/RDF/Implementations/SiRPAC/

## 15.11 SOAP

- msdn.microsoft.com-xml-general-SOAP_V09

  http://msdn.microsoft.com/xml/general/SOAP_V09.asp

- msdn.microsoft.com-xml-general-soap_white_paper

  http://msdn.microsoft.com/xml/general/soap_white_paper.asp

## 15.12 TCL

▶ TclXML

http://www.zveno.com/zm.cgi/in-tclxml/

## 15.13 Tools

▶ Free XML tools (by standard)

http://www.stud.ifi.uio.no/~lmariusg/linker/xmltools/by-standard.html

▶ XMLSOFTWARE The XML Software Site

http://www.xmlsoftware.com/

## 15.14 XHTML

▶ XHTML 1.0 The Extensible HyperText Markup Language

http://www.w3.org/TR/xhtml1/

## 15.15 XML Common

▶ Alles über XML – Verwendung von Links in XML

http://www.selfxml.de/Kapitel/Kap6.htm

▶ DataChannel XML Framework

http://xdev.datachannel.com/

▶ Extensible Markup Language (XML) 1.0 – Deutsche Übersetzung

http://www.mintert.com/xml/trans/REC-xml-19980210-de.html

▶ Gotzespace Webmasters Links XML

http://www.gotzespace.dk/links/XML/

▶ Hausarbeit zu XML – Inhalt

http://hub.ib.hu-berlin.de/~wumsta/hausarb1/haxmlinhalt.html

▶ MSDN Online Library

http://msdn.microsoft.com/isapi/msdnlib.idc?theURL=/library/psdk/xmlsdk/xmls6g53.htm

- MSDN Online Web Workshop

  http://msdn.microsoft.com/workshop/c-frame.htm?928616113131 – /workshop/xml/default.asp

- The XML Files – WebDeveloper.com ®

  http://www.webdeveloper.com/xml/

- W3C Extensible Markup Language (XML) Activity

  http://www.w3.org/XML/Activity

- Welcome to XMLNews.org

  http://www.xmlnews.org/

- What is XML – An Introduction to XML

  http://www.geocities.com/SiliconValley/Peaks/5957/wxml.html

- XML Tutorial – Microsoft XML Parser

  http://www.refsnesdata.no/xml/xml_parser.asp

- xmlhack developer news from the XML community

  http://xmlhack.com/

## 15.16 XML-Data

- Extensible Markup Language (XML) 1.0 – Deutsche Übersetzung

  http://www.mintert.com/xml/trans/REC-xml-19980210-de.html

- Frequently Asked Questions about the Extensible Markup Language

  http://www.ucc.ie/xml/

## 15.17 XML-Namespace

- JClarks XML Namespaces

  http://www.jclark.com/xml/xmlns.htm

## 15.18 XML-Path

- XML Path Language (XPath)

  http://www.w3.org/TR/xpath

## 15.19 XML-Schema

▶ Metadata, Archival, Genealogy at SCHEMA.NET

http://www.schema.net/metadata/

▶ XML Schema Part 1 Structures

http://www.w3.org/TR/xmlschema-1/

▶ XMLNews-Story Tutorial

http://www.xmlnews.org/docs/story-tutorial.html

## 15.20 XSL Transformations

▶ developerWorks XML Education – Online Courses

http://www-4.ibm.com/software/developer/education/transforming-xml/transforming-xml-to-html/index.html

▶ Verknüpfen von Style Sheets mit XML-Dokumenten Version 1.0 – Deutsche Übersetzung

http://www.mintert.com/xml/trans/REC-xml-stylesheet-19990629-de.html

▶ X(SL Transformations, Patterns, and Path)

http://www.vbxml.com/cagle/XPathPresentation.asp?slide=12&showPointText=-1

▶ XSL Transformations (XSLT)

http://www.w3.org/TR/xslt

▶ XSLINFO The XSL Information Site

http://www.xslinfo.com/

▶ Zvon XSL Tutorial

http://zvon.vscht.cz/HTMLonly/XSLTutorial/Books/Book1/index.html

# Index

## !
//field 165
<A> 168, 170, 182, 183
<TD> 169
<xsl
   for-each> 149
> 169, 182
@name 166
//field 160
" 169, 182
" xmlspec 188

## A
absoluteChildNumber 123
alle Datensätze 170
appendChild 193
apply-templates 137
apply-templates select 137
archive 135, 140
aspFormLayout.asp 157
aspFormNavigation 156
aspFormNavigation.asp 157, 158, 168, 169, 182
aspListLayout.asp 171, 174
aspListOrderBy.asp 174, 175, 178, 179, 180
async 203, 206
attribute 182, 183, 190

## B
Biztalk 223

## C
caption 140, 188
Categories.xml 154
category 149
categoryListItem 149 169, 182

CDF 221
Character 198
childNodes 193, 207
childNumber 130
class 149, 166, 169
close 162, 177
context 129
Count 194
CreateDBResultset 160, 161, 175
CreateNewNode 192, 193
CreateTextFile 162, 177
CSS.Stylesheet 129
currentelement 207, 208

## D
Data Source Object 203
datafld 203
datasrc 203
Date 133
DbLayer 88
DBRecordset 162
DBResultset 160, 161, 162, 175
dd MM yyyy 133
Definition 34
Direction 159
documentElement 207
Documents.mdb 155, 173
DOMDocument 160, 206, 207, 213, 217

## E
eCatalog Suite 223
Elementende 224
Elementstart 224
End 159, 163, 174, 175, 177
Entity 186
Extension 125

## F

false 203
FetchXMLDoc 160, 161, 175
field 164, 165, 183
field-Nodes 166, 170, 182
file 126
FileSystemObject 162, 176, 177
First 203
firstChild 207
folder 135, 136
for-each 126, 135, 136, 165, 166, 180
formatDate 132, 133
formatIndex 130
Frame content 170
frmMain 188

## G

Generator 190
Generator.cls 187
getColor 123
getDate 133
GetEntityList 195
getids 213
getNamedItem 190, 191, 214, 218
GetTempName 162, 176
getVarDate 133
goto 160, 161

## H

Highend 172
href 168, 169, 182, 183

## I

idx 207
if 129
InputBox 192

## L

lang 188
language 190, 196
lastChild 207

length 207
load 206
LoadXML 189
Login 175

## M

MapPath 144, 162, 176
match 136
mLanguages 190
movefirst 204, 206, 207
movelast 204, 207, 208
movenext 204, 208
moveprevious 204, 208
MS XML 206
mSelectedLanguageList 196
MSXML 115, 133
MSXML.DLL 140, 144
MSXML.IXMLDOMNodeList 190

## N

name 150, 164, 183, 188, 191
new 133
next 161, 203
nextNode 194, 195
nextSibling 208
nodeFromID 213, 215
nodeValue 133, 191

## O

OnClick 219
OnLoad-Event 213
order-by 174, 175, 179, 217, 218
otherwise 124

## P

parse 133
parseError 212
pHtml 212
pkDocId 170, 174, 183
pLanguages 190
pName 195

pNode 191
previous 161, 203
previousNode 195
previousSibling 208
pValue 195

## Q
Query 161
QueryString 157, 158

## R
RecordId 157, 161
Redirect 157, 174, 177
Refresh 190, 193
Request 158
Response 159, 163, 174, 175, 177

## S
Samples/Data 155
Save 191
SaveDTD 197
select 137, 166, 182
select="//category" 149
SelectNodes 190, 191
selectSingleNode 160, 191, 217
SetLanguage 196
setNamedItem 193
showelement 215
sort 216
Step2/Categories.xml 154
Step2/Categories_C.xml in Step2/Categories.xml 154
stringItem 188, 189
stringList 189
stringText 188
Styles/custxml2.xsl 124
subelementscount 207
Sub-Nodes 193

## T
target 170, 183
TB 166
TempfileLong 162, 176
TempfileShort 162, 176
template 136, 137
TextStream 162, 177
transformelement 211
transformNode 219
transformNodeToObject 145
TransformToStream.asp 161, 162, 164, 176, 177, 178
TransformToStrem.asp 176

## U
undefined Entity 140

## V
V_Documents 155, 158
value-of 166, 170
View V_Documents 173

## W
when 124
Write 162, 177

## X
XML-Spezifikationen 188
xmlDbLayer 158, 160, 161, 172, 175
xmlDoc 176
xmlDocument 176, 177
XMLDocumentString 177
XMLDOM 144
xmldso 203
xmllat1.dtd 140
XMLNamedNodeMap 194
xmlns
    xsl 117

XmlStudio 154, 222
   öffnen 154
XPath 137, 166, 170
xsl 117
   attribute 148
   choose 124, 125

eval 130, 133
if 129
otherwise 124
script 123
when 124, 126, 127, 129
XTLRuntime 133

Dan Appleman

## Dan Applemans Win32 Puzzle-Buch

**Puzzles und Tutorials für Visual Basic-Profis**

Von Visual Basic-Kennern lang erwartet: Das Win32 API Puzzle-Buch in **deutscher Übersetzung**!

Das Buch besteht aus drei Teilen: Es beginnt mit einer Serie von Programmierpuzzles, die immer komplexer werden. Jedes Puzzle beschreibt eine typische API-Funktion, gefolgt von einem kleinen VB-Programm. Diese Programme arbeiten, doch fehlen wichtige Teile. Sie sind herausgefordert, das Puzzle zusammenzusetzen, indem Sie das Programm vervollständigen. Das ist spielerisches Lernen! Der zweite Teil des Buches enthält die Lösungen mit ausführlichen Erklärungen; der dritte einige allgemeine Tutorials, die Ihr Wissen auffrischen und gleichzeitig beim Puzzlen helfen.

*Galileo Computing*
*490 S., 2000, geb., mit CD*
*79,90 DM*
*ISBN 3-934358-21-7*

**Galileo Press**

**Ulrich Kaiser**

## C/C++

**Von den Grundlagen zur professionellen Programmierung**

Der erste Teil des Buches führt Sie anfängergerecht in die Grundlagen von C ein: Er bietet zahlreiche Beispielprojekte, Merksätze und Übungen am Ende eines jeden Kapitels. Von da aus geht es weiter zur objektorientierten Programmierung mit C++: Auf der Grundlage der erworbenen Kenntnisse in C wird der Leser zügig an komplexe Beispielprojekte in C++ herangeführt.

Das Buch ist konzipiert als umfassender Begleiter: Es dient als Lehr- und Arbeitsbuch, ist Nachschlagewerk in der Praxis und gibt fertige, sofort einsetzbare Lösungen an die Hand. Nach der Lektüre sind Sie Profi: fähig, anspruchsvolle Anwendungen zu planen, entwerfen und mit hoher Qualität zu entwickeln.

*Galileo Computing*
*1000 S., 2000, geb., mit CD*
*79,90 DM*
*ISBN 3-934358-03-9*

**Galileo Press**

Daniel Amor

## Die E-Business-(R)Evolution
### Das umfassende Executive-Briefing

Galileo Business
ca. 750 S., geb.
ca. 99,90 DM
ISBN 3-934358-67-5

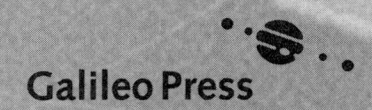

Egal, ob Sie jemand sind, der E-Business-Lösungen plant oder entwickelt, installiert oder managt, Sie werden in diesem Buch eine Menge neuer Informationen, Ideen und Anregungen finden. Die Voraussetzung für erfolgreiche E-Business-Projekte ist ein fundierter Business-Plan und die begründete Auswahl von Geschäftsmodellen und Technologien.

Dieses umfassende Handbuch unterstützt Sie dabei. Entstanden aus der Praxis des erfahrenen HP-Beraters Daniel Amor, zeigt es Ihnen eine strukturierte Vorgehensweise, um Ihr Internet-Projekt zum Erfolg zu führen. Amor hilft Ihnen sowohl bei der Vorbereitung Ihres Projektes und der Auswahl von Geschäftsmodellen als auch beim Verständnis der aktuell verfügbaren Technologien, die diese Geschäftsmodelle ermöglichen.

**Galileo Press**

Christian Wenz

## JavaScript

**Browserübergreifende Lösungen**

Das Buch richtet sich an Autoren von Web-Seiten, die Erfahrungen mit dem Medium haben, Kenntnisse in HTML besitzen und JavaScript als optimale »dynamische« Ergänzung zu HTML erlernen möchten.

Der erste Teil vermittelt eine umfangreiche Einführung in JavaScript, angereichert mit unverbrauchten, originellen Beispielen. Im zweiten Teil kommen die JavaScript-Kenner voll auf ihre Kosten. Browserkompatibilität, Formulare, DHTML, Kommunikation mit Java-Applets – kurz: Die ganze Palette des praktischen Einsatzes der Sprache wird anhand von Projekten aus dem WWW gezeigt. Im letzten Teil des Buches befindet sich eine ausführliche, wiederum mit Beispielen angereicherte Referenz zum Nachschlagen.

*Galileo Computing*
*480 S., 2000, geb., mit CD*
*79,90 DM*
*ISBN 3-934358-01-2*

**Galileo Press**

Thomas Theis

## PHP 4

**Webserver-Programmierung für Um- und Einsteiger**

Wenn Sie einen praxisnahen und schnellen Einstieg in die Sprache PHP 4 suchen, haben Sie Ihr passendes Buch gefunden. Ohne Umschweife zeigt Ihnen Thomas Theis anhand leicht nachvollziehbarer und sofort einsetzbarer Programme, wie Sie die Stärken von PHP 4 nutzen können. Ein besonderer Schwerpunkt des Buches liegt auf den Datenbankzugriffen. Linux-Anhänger und Microsoft-Spezialisten kommen dabei gleichermaßen auf ihre Kosten.

Die CD-ROM hält das offizielle deutsche PHP-Manual für Sie bereit, außerdem Beispielcode und Lösungen.

*Galileo Computing*
*ca. 300 S., geb., mit CD*
*ca. 69,90 DM*
*ISBN 3-934358-63-2*

Galileo Press

Hans P. Fritsche

## Cross-Media-Publishing

Planung und Realisierung

Dieses Buch vermittelt Ihnen die vielfältigen Möglichkeiten, die medienübergreifendes Publizieren heute bietet.

Sind Sie Berater oder Entscheider? Analysieren Sie mit Hilfe des Buchs zunächst die Prozesse Ihres Unternehmens, entdecken Sie aktuelle Probleme bei der Umsetzung von Cross-Media-Publishing und gelangen Sie schließlich zu einer angepaßten Systemlösung, mit der Sie Kosten sparen und Effizienz erhöhen.

Sind Sie IT-Manager? Der zweite Teil des Buch leitet Sie bei der Installation der ausgewählten Software und der technischen Umsetzung der Projekte an und bietet anhand von realen Firmenbeispielen einen Ausblick auf die vielfältigen Aufbereitungsmöglichkeiten: Katalog oder CD-ROM, Website und E-Commerce-Anwendung oder Print on Demand.

*Galileo Business*
*400 S., geb., mit CD*
*ca. 89,90 DM*
*ISBN 3-934358-46-2*

**Galileo Press**

**Sascha Wolter**

**Flash 4**

Sie wollen eine erfolgreiche Webseite erstellen? Dann hilft Ihnen dieses Nachschlagewerk bei der Planung, Konzeption und Durchführung!

Durch kompetente Anwendungshilfen und Erklärungen aller Werkzeuge gelingt es Ihnen, das gesamte Potential von Flash auszuschöpfen. Sie lernen, die neue Programmiersprache ActionScript problemlos einzusetzen und so den Funktionsumfang von Flash zu erweitern. Schwachstellen des Programms, wie z.B. die fehlende Möglichkeit, dreidimensionale Objekte zu erstellen, lassen sich mit Hilfe des Buches trickreich umgehen. Nach der Lektüre ist es Ihnen ein leichtes, Flash im Zusammenspiel mit HTML, JavaScript, ActiveX, Adobe Dimensions, Macromedia Director u.v.a.m. einzusetzen.

Auf der Buch-CD-ROM finden Sie eine 30-Tage-Vollversion von Flash und viele Utilities.

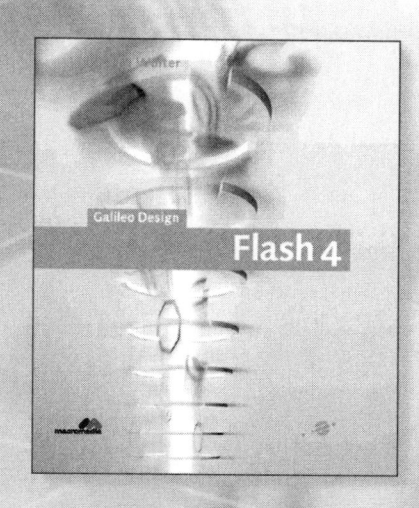

*Galileo Design*
*324 S., 2000, geb., vierfarbig,*
*mit CD, 89,90 DM*
*ISBN 3-934358-05-5*

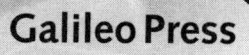

**Galileo Press**

**Tomas Caspers, Frank Kastenholz**

**Dreamweaver 3**

Mit Hilfe dieses Buches erstellen Sie im Handumdrehen repräsentative und browserunabhängige Websites. Das Spektrum des Buches reicht vom einfachen Einstieg in das Programm über die Vorstellung der anspruchsvolleren Funktionen, die sich unter dem Oberbegriff DHTML zusammenfassen lassen, bis hin zu komplexen Anpassungsarbeiten wie der Erstellung eigener Behaviors und Objekte. Viele Tips werden Ihnen beim Erstellen von durchgängig sauberem Code helfen. Mühelos lernen Sie, Dreamweaver in Zusammenarbeit mit HTML 4, Framesets, CSS, JavaScript, XML u.a. einzusetzen!

Dabei können Sie die Techniken durch die auf der CD-ROM mitgelieferten Praxisbeispiele nachvollziehen und für die eigene Website verwenden.

*Galileo Design*
*350 S., geb., vierfarbig, mit CD*
*89,90 DM*
*ISBN 3-934358-19-5*

Galileo Press

Dave Baum

**Dave Baums
LEGO® MINDSTORMS™
Roboter**

Der Profi-Guide

Sie haben keine Zeit, Kaffee zu kochen? Schöpfen Sie die Möglichkeiten des LEGO MINDSTORMS Kit voll aus. Lernen Sie die wesentlichen Konstruktionstechniken kennen, die unterschiedlichsten Roboter zu kreieren.

Der Schwerpunkt des Buches liegt auf der Programmierung des Mikrocomputers. Hier kommt Ihnen das Experten-Know-how von Dave Baum zugute. Baum ist Erfinder der Sprache NQC (Not Quite C). Die Verbindung von LEGOs RCX-Code und NQC läßt Sie Roboter schaffen, von denen Sie bis jetzt nicht zu träumen gewagt hätten.

*Galileo Computing
378 S., geb., mit CD
69,90 DM
ISBN 3-934358-39-X*

**Galileo Press**

Claudia Runk

## Acrobat und PDF

Webseiten, Kataloge, CD-ROMs...

Sie wollen endlich auch alle Vorteile des PDF-Formats ausnutzen? Dann erfahren Sie in diesem Praxisbuch, wie es geht. Wo setze ich PDF ein, wie erzeuge ich es, wie arbeite ich mit PDF in Kombination mit Photoshop, Illustrator, FreeHand oder Quark?

Ausführlich lernen Sie, die Software Acrobat 4 zu beherrschen: Schriftenproblematik, Farbseparation, Kompression, Sicherheit, Capture, Druck und Belichtung, Export...

Am häufigsten wird PDF im Web eingesetzt: Thumbnails, Verknüpfungen, Lesezeichen, Formulare, Schaltflächen oder die Indexfunktionen verwenden Sie nun spielend. Nach der Lektüre dieses Buchs bleibt keine Frage mehr unbeantwortet.

*Galileo Design*
*250 S., geb., vierfarbig*
*ca. 79,90 DM*
*ISBN 3-934358-48-9*

**Galileo Press**

# MyGalileo

*Registrierung*

*Diskussionsforum*

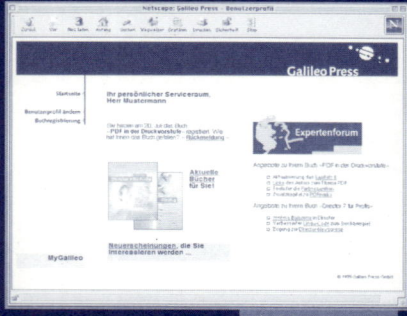

*Ihr Serviceraum*

Als moderner IT-Verlag präsentiert Galileo Press einen völlig neuartigen Service in der deutschen Verlagslandschaft: MyGalileo. MyGalileo ist ein **Informationsdienst im Internet** mit kostenlosen zusätzlichen Informationsangeboten zum Themengebiet dieses Buches.

Mit der unten stehenden **Registriernummer** erhalten Sie exklusiven Zugang zu MyGalileo. Sie registrieren sich als Galileo-Kunde, ähnlich wie Sie es von Software her kennen – doch viel einfacher und diskreter.

Und schon gelangen Sie in Ihren persönlichen **Serviceraum**: Hier können Sie sich von Fall zu Fall weitergehende Fachinformationen besorgen oder Aktualisierungen Ihres Buches; Sie können sich zusätzliche Beispiele und Tools herunterladen, oder Sie können sich in einem **Forum** Rat von einem Experten holen und direkt mit dem Autor kommunizieren.

Sie erreichen MyGalileo unter:
**www.galileo-press.de**

Ihre persönliche Registriernummer

00GP5012658